MW01520444

Guy de Maupassant
Les Dimanches
d'un bourgeois de Paris

Présentation, notes, questions et après-texte établis par

NATHALIE GOUIFFÈS
professeur de Lettres

MAGNARD

Sommaire

Après-texte

« Maupassant, le Bel-Ami »[1]

Guy de Maupassant a 30 ans lorsqu'il publie *Les Dimanches d'un bourgeois de Paris*, en feuilleton, dans le quotidien *Le Gaulois* : les dix chapitres paraissent chaque semaine, du 31 mai au 16 août 1880, exception faite du 5 juillet – ils ne seront recueillis en volume qu'en 1901, de façon posthume. En dépit de sa jeunesse, Maupassant est alors loin d'être un inconnu : quelques mois plus tôt, en avril, il a rencontré un succès fulgurant en publiant, dans le recueil collectif des *Soirées de Médan*, « Boule-de-Suif », conte dans lequel il critique, sur fond de guerre, l'hypocrisie de la société mondaine. Désormais, il peut enfin vivre de sa plume, et se consacrer tout entier à la littérature, vers laquelle même son existence incline.

Né en 1850 au château de Miromesnil, près de Dieppe, Maupassant a passé sa petite enfance auprès de sa mère, au cœur de la campagne normande. Gustave Flaubert compte parmi les amis de la famille ; sous sa férule, sévère mais bienveillante, le jeune homme apprend très tôt à maîtriser sa plume. Après des études au lycée de Rouen, il fait son service militaire, en pleine guerre franco-prussienne ; mais il quitte bien vite l'armée et, en 1872, entame une ennuyeuse carrière d'employé de bureau, qui durera neuf longues années, d'abord au ministère de la Marine, puis à celui de l'Instruction publique. Dès qu'il le peut, il s'échappe de cet univers sclérosé en se livrant aux plaisirs du cano-

---

1. D'après l'ouvrage d'Armand Lanoux.

tage… et des femmes. Parallèlement, il côtoie les grands noms de la littérature, et collabore régulièrement à différentes revues et journaux, notamment *Le Gaulois* et *Gil Blas*.

L'année 1880 marque un tournant décisif dans sa vie : le 8 mai, Flaubert meurt, mais continue à le hanter, tant d'un point de vue personnel que littéraire – *Les Dimanches d'un bourgeois de Paris* sont farcis de références à *Bouvard et Pécuchet*, le roman inachevé du maître. Par ailleurs, sa récente autonomie financière lui permet de s'adonner sans réserve à l'écriture.

Maupassant multiplie alors les publications. Il puise volontiers ses sujets dans son expérience personnelle, qui double le contact livresque. C'est ainsi que son morne métier d'employé lui a permis d'être mis en présence des « grandes misères des petites gens » – titre qu'il pensait donner, dès 1875, aux *Dimanches* : « Oh ! il y a bien des cœurs froissés dans ces vastes usines à papier noirci, et des cœurs tristes, et de grandes misères, et de pauvres gens, instruits, capables qui auraient pu être quelqu'un et qui ne seront jamais rien, et qui ne marieront point leurs filles sans dot, à moins de leur faire épouser un employé comme eux. » (« Les Employés », chronique parue dans *Le Gaulois* en janvier 1882).

Jusqu'en 1891, Maupassant publie pas moins de six romans et de trois cents nouvelles, unis par un même pessimisme à l'égard de la nature humaine et de l'évolution de la société. Le public applaudit avec une belle constance, sans voir qu'un malaise s'est progressivement insinué dans la vie de l'écrivain : ses vieilles névralgies ont dégénéré en hallucinations ; le « Bel-Ami » finit par sombrer dans la folie. Il meurt en 1893, après deux années d'internement et de solitude.

Guy de Maupassant
Les Dimanches d'un bourgeois de Paris

1
Préparatifs de voyage

Monsieur Patissot, né à Paris, après avoir fait, comme beaucoup d'autres, de mauvaises études au collège Henri IV, était entré dans un ministère par la protection d'une de ses tantes, qui tenait un débit de tabac où s'approvisionnait un chef de division.

Il avança très lentement et serait peut-être mort commis de quatrième classe, sans le paterne[1] hasard qui dirige parfois nos destinées.

Il a aujourd'hui cinquante-deux ans, et c'est à cet âge seulement qu'il commence à parcourir, en touriste, toute cette partie de la France qui s'étend entre les fortifications et la province[2].

L'histoire de son avancement peut être utile à beaucoup d'employés, comme le récit de ses promenades servira sans doute à beaucoup de Parisiens qui les prendront pour itinéraires de leurs propres excursions, et sauront, par son exemple, éviter certaines mésaventures qui lui sont advenues.

M. Patissot, en 1854, ne touchait encore que 1 800 francs. Par un effet singulier de sa nature, il déplaisait à tous ses chefs, qui le laissaient languir[3] dans l'attente éternelle et désespérée de l'augmentation, cet idéal de l'employé.

---

1. Bon et simple.
2. Il s'agit tout simplement de la banlieue. Les fortifications sont une enceinte construite par Thiers de 1841 à 1845 ; elles délimitent officiellement la capitale à partir de 1859, et ne sont rasées qu'en 1919, sous la IIIe République.
3. Dépérir.

²⁰   Il travaillait pourtant ; mais il ne savait pas le faire valoir : et puis il était trop fier, disait-il. Et puis sa fierté consistait à ne jamais saluer ses supérieurs d'une façon vile[1] et obséquieuse[2], comme le faisaient, à son avis, certains de ses collègues qu'il ne voulait pas nommer. Il ajoutait encore que sa franchise gênait ²⁵ bien des gens, car il s'élevait, comme tous les autres d'ailleurs, contre les passe-droits, les injustices, les tours de faveur donnés à des inconnus, étrangers à la bureaucratie. Mais sa voix indignée ne passait jamais la porte de la case où il besognait, selon son mot : « Je besogne... dans les deux sens, Monsieur. »

³⁰   Comme employé d'abord, comme Français ensuite, comme homme d'ordre enfin, il se ralliait, par principe, à tout gouvernement établi, étant fanatique du pouvoir... autre que celui des chefs.

Chaque fois qu'il en trouvait l'occasion, il se postait sur le ³⁵ passage de l'empereur afin d'avoir l'honneur de se découvrir : et il s'en allait tout orgueilleux d'avoir salué le chef de l'État.

À force de contempler le souverain, il fit comme beaucoup : il l'imita dans la coupe de sa barbe, l'arrangement de ses cheveux, la forme de sa redingote, sa démarche, son geste – ⁴⁰ combien d'hommes, dans chaque pays, semblent des portraits du Prince ! Il avait peut-être une vague ressemblance avec Napoléon III, mais ses cheveux étaient noirs – il les teignit. Alors la similitude fut absolue ; et, quand il rencontrait dans la rue un autre monsieur représentant aussi la figure impériale, il

---

1. Lâche, méprisable.
2. Respectueuse à l'excès, servile.

en était jaloux et le regardait dédaigneusement. Ce besoin d'imitation devint bientôt son idée fixe, et, ayant entendu un huissier des Tuileries contrefaire la voix de l'Empereur, il en prit à son tour les intonations et la lenteur calculée.

Il devint ainsi tellement pareil à son modèle qu'on les aurait confondus, et des gens au Ministère, de hauts fonctionnaires, murmuraient, trouvant la chose inconvenante, grossière même ; on en parla au ministre, qui manda[1] cet employé devant lui. Mais à sa vue, il se mit à rire, et répéta deux ou trois fois : « C'est drôle, vraiment drôle ! » On l'entendit, et le lendemain, le supérieur direct de Patissot proposa son subordonné pour un avancement de trois cents francs, qu'il obtint immédiatement.

Depuis lors, il marcha d'une façon régulière, grâce à cette faculté simiesque[2] d'imitation. Même une inquiétude vague, comme le pressentiment d'une haute fortune suspendue sur sa tête, gagnait ses chefs, qui lui parlaient avec déférence.

Mais, quand la République arriva, ce fut un désastre pour lui. Il se sentit noyé, fini, et, perdant la tête, cessa de se teindre, se rasa complètement et fit couper ses cheveux court, obtenant ainsi un aspect paterne et doux fort peu compromettant.

Alors, les chefs se vengèrent de la longue intimidation qu'il avait exercée sur eux, et, devenant tous républicains par instinct de conservation, ils le persécutèrent dans ses gratifications et entravèrent[3] son avancement. Lui aussi changea

---

1. Appela, convoqua.
2. Qui évoque le singe (du latin *simia*, « singe »).
3. Freinèrent, gênèrent.

d'opinion ; mais la République n'étant pas un personnage pal-
70 pable et vivant à qui l'on peut ressembler, et les présidents se
suivant avec rapidité, il se trouva plongé dans le plus cruel
embarras, dans une détresse épouvantable, arrêté dans tous ses
besoins d'imitation, après l'insuccès d'une tentative vers son
idéal dernier : M. Thiers[1].

75   Mais il lui fallait une manifestation nouvelle de sa personnalité. Il chercha longtemps ; puis, un matin, il se présenta au
bureau avec un chapeau neuf qui portait comme cocarde, au
côté droit, une très petite rosette tricolore. Ses collègues furent
stupéfaits ; on en rit toute la journée, et le lendemain encore, et
80 la semaine, et le mois. Mais la gravité de son attitude à la fin les
déconcerta ; et les chefs encore une fois furent inquiets. Quel
mystère cachait ce signe ? Était-ce une simple affirmation de
patriotisme ? – ou le témoignage de son ralliement à la
République ? – ou peut-être la marque secrète de quelque affi-
85 liation puissante ? Mais alors, pour la porter si obstinément, il
fallait être bien assuré d'une protection occulte[2] et formidable.
Dans tous les cas il était sage de se tenir sur ses gardes, d'autant
plus que son imperturbable sang-froid devant toutes les plai-
santeries augmentait encore les inquiétudes. On le ménagea
90 derechef[3], et son courage à la Gribouille[4] le sauva, car il fut
enfin nommé commis principal, le 1er janvier 1880.

---

1. Homme politique français (1797-1877), qui incarne aux yeux de ses contemporains l'Ordre moral bourgeois.
2. Secrète.
3. Aussitôt.
4. Nom d'un personnage naïf et sot.

Toute sa vie avait été sédentaire. Resté garçon par amour du repos et de la tranquillité, il exécrait le mouvement et le bruit. Ses dimanches étaient généralement passés à lire des romans d'aventures et à régler avec soin des transparents[1] qu'il offrait ensuite à ses collègues. Il n'avait pris, en son existence, que trois congés, de huit jours chacun, pour déménager. Mais quelquefois, aux grandes fêtes, il partait par un train de plaisir à destination de Dieppe ou du Havre, afin d'élever son âme au spectacle imposant de la mer.

Il était plein de ce bon sens qui confine à la bêtise.

Il vivait depuis longtemps tranquille, avec économie, tempérant[2] par prudence, chaste d'ailleurs par tempérament, quand une inquiétude horrible l'envahit. Dans la rue, un soir, tout à coup, un étourdissement le prit qui lui fit craindre une attaque. S'étant transporté chez un médecin, il en obtint, moyennant cent sous, cette ordonnance :

« M. X..., cinquante-deux ans, célibataire, employé. – Nature sanguine[3], menace de congestion[4]. – Lotions d'eau froide, nourriture modérée, beaucoup d'exercice.

MONTELLIER, D. M. P.[5] »

---

1. Feuilles de papier réglé que l'on met sous une autre feuille de manière à écrire droit.
2. Sobre.
3. L'ancienne médecine humorale – celle de Galien – distinguait quatre types physiques, appelés complexions : le lymphatique (ou flegmatique) ; le sanguin, prompt à s'emporter, volontiers corpulent et rouge de visage ; le nerveux ; et le mélancolique (ou atrabilaire).
4. Afflux du sang dans une partie du corps.
5. Docteur-médecin de la faculté de Paris.

Patissot fut atterré, et pendant un mois, dans son bureau, il garda tout le jour, autour du front, sa serviette mouillée, roulée en manière de turban, tandis que des gouttes d'eau, sans cesse,
115 tombaient sur ses expéditions[1], qu'il lui fallait recommencer. Il relisait à tout instant l'ordonnance, avec l'espoir, sans doute d'y trouver un sens inaperçu, de pénétrer la pensée secrète du médecin, et de découvrir aussi quel exercice favorable pourrait bien le mettre à l'abri de l'apoplexie[2].
120 Alors il consulta ses amis, en leur exhibant[3] le funeste papier. L'un d'eux lui conseilla la boxe. Il s'enquit aussitôt d'un professeur et reçut, dès le premier jour, sur le nez, un coup de poing droit qui le détacha à jamais de ce divertissement salutaire. La canne[4] le fit râler d'essoufflement, et il fut si bien courbaturé
125 par l'escrime, qu'il en demeura deux nuits sans dormir. Alors il eut une illumination. C'était de visiter à pied, chaque dimanche, les environs de Paris et même certaines parties de la capitale qu'il ne connaissait pas.

Son équipement pour ces voyages occupa son esprit toute
130 une semaine, et le dimanche, trentième jour de mai, il commença les préparatifs.

Après avoir lu toutes les réclames les plus baroques, que de pauvres diables, borgnes ou boiteux, distribuent au coin des

---

1. Copies d'actes, de jugements.
2. Arrêt brutal des fonctions cérébrales, accompagné d'une perte de connaissance.
3. Exposant, étalant.
4. Sport nécessitant endurance, rapidité et dextérité.

rues avec importunité[1], il se rendit dans les magasins avec la
simple intention de voir, se réservant d'acheter plus tard.

Il visita d'abord l'établissement d'un bottier soi-disant amé-
ricain, demandant qu'on lui montrât de forts souliers pour
voyages! On lui exhiba des espèces d'appareils blindés en cuivre
comme des navires de guerre, hérissés de pointes comme une
herse[2] de fer, et qu'on lui affirma être confectionnés en cuir de
bison des montagnes Rocheuses. Il fut tellement enthousiasmé
qu'il en aurait volontiers acheté deux paires. Une seule lui suf-
fisait cependant. Il s'en contenta ; et il partit, la portant sous
son bras, qui fut bientôt tout engourdi.

Il se procura un pantalon de fatigue en velours à côtes,
comme ceux des ouvriers charpentiers ; puis des guêtres[3] de
toile à voile passées à l'huile et montant jusqu'aux genoux.

Il lui fallut encore un sac de soldat pour ses provisions, une
lunette marine afin de reconnaître les villages éloignés, pendus
aux flancs des coteaux ; enfin une carte de l'état-major qui lui
permettrait de se diriger, sans demander sa route aux paysans
courbés au milieu des champs.

Puis, pour supporter plus facilement la chaleur, il se résolut
à acquérir un léger vêtement d'alpaga[4] que la célèbre maison
Raminau livrait en première qualité, suivant ses annonces, pour
la modique somme de six francs cinquante centimes.

---

1. De manière gênante.
2. Instrument à dents fixé à un attelage pour briser les mottes de terre.
3. Enveloppes de tissu qu'emploient les alpinistes pour recouvrir le bas des jambes.
4. Laine fournie par l'alpaga, mammifère voisin du lama.

Il se rendit dans cet établissement, et un grand jeune homme distingué, avec une chevelure entretenue à la Capoul[1], des ongles roses comme ceux des dames, et un sou-
160 rire toujours aimable, lui fit voir le vêtement demandé. Il ne répondait pas à la magnificence de l'annonce. Alors Patissot, hésitant, interrogea : « Mais enfin, Monsieur, est-ce d'un bon usage ? » L'autre détourna les yeux avec un embarras bien joué comme un honnête homme qui ne veut pas tromper la
165 confiance d'un client, et, baissant le ton d'un air hésitant : « Mon Dieu, Monsieur, vous comprenez que pour six francs cinquante on ne peut pas livrer un article pareil à celui-ci, par exemple... » Et il prit un veston sensiblement mieux que le premier. Après l'avoir examiné, Patissot s'informa du prix.
170 « Douze francs cinquante. » C'était tentant. Mais, avant de se décider, il interrogea de nouveau le grand jeune homme, qui le regardait fixement, en observateur. « Et... c'est très bon cela ? vous le garantissez ? – Oh ! certainement, Monsieur, c'est excellent et souple ! Il ne faudrait pas, bien entendu, qu'il
175 fût mouillé ! Oh ! pour être bon, c'est bon ; mais vous comprenez bien qu'il y a marchandise et marchandise. Pour le prix, c'est parfait. Douze francs cinquante, songez donc, ce n'est rien. Il est bien certain qu'une jaquette de vingt-cinq francs vaudra mieux. Pour vingt-cinq francs, vous avez tout ce
180 qu'il y a de supérieur ; aussi fort que le drap, plus durable

---

1. Victor Capoul (1839-1924), chanteur populaire d'opéra-comique qui « a donné son nom à une coiffure, qui comporte une raie au milieu de la tête, les côtés du front dégagés et le milieu recouvert de deux petites boucles » (*Grand Larousse* du xxᵉ siècle).

même. Quand il a plu, un coup de fer la remet à neuf. Cela ne change jamais de couleur, ne rougit pas au soleil. C'est en même temps plus chaud et plus léger. » Et il déployait sa marchandise, faisait miroiter l'étoffe, la froissait, la secouait, la tendait pour faire valoir l'excellence de la qualité. Il parlait interminablement, avec conviction, dissipant les hésitations par le geste et par la rhétorique[1].

Patissot fut convaincu, il acheta. L'aimable vendeur ficela le paquet, parlant encore, et devant la caisse, près de la porte, il continuait à vanter avec emphase[2] la valeur de l'acquisition. Quand elle fut payée, il se tut soudain, salua d'un : «Au plaisir, Monsieur », qu'accompagnait un sourire d'homme supérieur, et tenant le vantail[3] ouvert, il regardait partir son client, qui tâchait en vain de le saluer, ses deux mains étant chargées de paquets.

M. Patissot, rentré chez lui, étudia avec soin son premier itinéraire et voulut essayer ses souliers, dont les garnitures ferrées faisaient des sortes de patins. Il glissa sur le plancher, tomba et se promit de faire attention. Puis il étendit sur des chaises toutes ses emplettes, qu'il considéra longtemps, et il s'endormit avec cette pensée : « C'est étrange que je n'aie pas songé plus tôt à faire des excursions à la campagne ! »

---

1. Art de bien parler.
2. Grandiloquence.
3. Battant de la porte.

BIEN LIRE

• Quelle opinion M. Patissot a-t-il de lui-même ?
• Quelle image renvoie-t-il en réalité ?

2
Première sortie

M. Patissot travailla mal, toute la semaine, à son ministère. Il rêvait à l'excursion projetée pour le dimanche suivant, et un grand désir de campagne lui était venu tout à coup, un besoin de s'attendrir devant les arbres, cette soif d'idéal champêtre qui
5 hante au printemps les Parisiens.

Il se coucha le samedi de bonne heure, et dès le jour il fut debout.

Sa fenêtre donnait sur une cour étroite et sombre, une sorte de cheminée où montaient sans cesse toutes les puanteurs des
10 ménages pauvres. Il leva les yeux aussitôt vers le petit carré de ciel qui apparaissait entre les toits, et il aperçut un morceau de bleu foncé, plein de soleil déjà, traversé sans cesse par des vols d'hirondelles qu'on ne pouvait suivre qu'une seconde. Il se dit que, de là-haut, elles devaient découvrir la campagne
15 lointaine, la verdure des coteaux[1] boisés, tout un déploiement d'horizons.

Alors une envie désordonnée lui vint de se perdre dans la fraîcheur des feuilles. Il s'habilla bien vite, chaussa ses formidables souliers et demeura très longtemps à sangler ses guêtres
20 dont il n'avait point l'habitude. Après avoir chargé sur le dos son sac bourré de viandes, de fromages et de bouteilles de vin (car l'exercice assurément lui creuserait l'estomac), il partit, sa canne à la main.

---

1. Petites collines.

Il prit un pas de marche bien rythmé (celui des chasseurs, pensait-il), en sifflotant des airs gaillards qui rendaient plus légère son allure. Des gens se retournaient pour le voir, un chien jappa ; un cocher, en passant, lui cria : « Bon voyage, monsieur Dumolet ! » Mais lui s'en fichait carrément, et il allait sans se retourner, toujours plus vite, faisant, d'un air crâne, le moulinet avec sa canne.

La ville s'éveillait joyeuse, dans la chaleur et la lumière d'une belle journée de printemps. Les façades des maisons luisaient, les serins chantaient dans leurs cages, et une gaieté courait les rues, éclairait les visages, mettait un rire partout, comme un contentement des choses sous le clair soleil levant.

Il gagnait la Seine pour prendre l'hirondelle[1] qui le déposerait à Saint-Cloud ; et, au milieu de l'ahurissement des passants, il suivit la rue de la Chaussée-d'Antin, le boulevard, la rue Royale, se comparant mentalement au Juif errant[2]. En remontant sur un trottoir, les armatures ferrées de ses chaussures encore une fois glissèrent sur le granit, et lourdement, il s'abattit, avec un bruit terrible dans son sac. Des passants le relevèrent, et il se remit en marche plus doucement, jusqu'à la Seine où il attendit une hirondelle.

Là-bas, très loin, sous les ponts, il la vit apparaître, toute petite d'abord, puis plus grosse, grandissant toujours, et elle

---

1. Nom générique des petits bateaux à vapeur, également appelés « mouches » (l. 55), qui reliaient Paris à Saint-Cloud.
2. Personnage légendaire (du nom d'Ahasvérus) qui, selon une tradition populaire, aurait été condamné à marcher sans cesse jusqu'à la fin du monde, pour avoir injurié le Christ portant sa croix. La légende du Juif errant s'est surtout répandue à partir du XVIIe siècle.

prenait en son esprit des allures de paquebot, comme s'il allait partir pour un long voyage, passer les mers, voir des peuples nouveaux et des choses inconnues. Elle accosta et il prit place.

50 Des gens endimanchés étaient déjà dessus, avec des toilettes voyantes, des rubans de chapeau éclatants et de grosses figures écarlates. Patissot se plaça, tout à l'avant, debout, les jambes écartées à la façon des matelots, pour faire croire qu'il avait beaucoup navigué. Mais, comme il redoutait les petits remous

55 des mouches, il s'arc-boutait sur sa canne, afin de bien maintenir son équilibre.

Après la station du Point-du-Jour[1], la rivière s'élargissait, tranquille sous la lumière éclatante ; puis, lorsqu'on eut passé entre deux îles, le bateau suivit un coteau tournant dont la verdure

60 était pleine de maisons blanches. Une voix annonça le Bas-Meudon, puis Sèvres, enfin Saint-Cloud, et Patissot descendit.

Aussitôt sur le quai, il ouvrit sa carte de l'état-major, pour ne commettre aucune erreur.

C'était, du reste, très clair. Il allait par ce chemin trouver la

65 Celle, tourner à gauche, obliquer un peu à droite, et gagner, par cette route, Versailles dont il visiterait le parc avant dîner.

Le chemin montait et Patissot soufflait, écrasé sous le sac, les jambes meurtries par ses guêtres, et traînant dans la poussière ses gros souliers, plus lourds que des boulets. Tout à coup, il

70 s'arrêta avec un geste de désespoir. Dans la précipitation de son départ, il avait oublié sa lunette marine !

---

1. Tout début de la banlieue parisienne.

Enfin, voici les bois. Alors, malgré l'effroyable chaleur, malgré la sueur qui lui coulait du front, et le poids de son harnachement[1], et les soubresauts de son sac, il courut, ou plutôt il trotta vers la verdure, avec de petits bonds, comme les vieux chevaux poussifs.

Il entra sous l'ombre, dans une fraîcheur délicieuse, et un attendrissement le prit devant les multitudes de petites fleurs diverses, jaunes, rouges, bleues, violettes, fines, mignonnes, montées sur de longs fils, épanouies le long des fossés. Des insectes de toutes couleurs, de toutes les formes, trapus, allongés, extraordinaires de construction, des monstres effroyables et microscopiques, faisaient péniblement des ascensions de brins d'herbe qui ployaient sous leur poids. Et Patissot admira sincèrement la création. Mais, comme il était exténué, il s'assit.

Alors il voulut manger. Une stupeur le prit devant l'intérieur de son sac. Une des bouteilles s'était cassée, dans sa chute assurément, et le liquide, retenu par l'imperméable toile cirée, avait fait une soupe au vin de ses nombreuses provisions.

Il mangea cependant une tranche de gigot bien essuyée, un morceau de jambon, des croûtes de pain ramollies et rouges, en se désaltérant avec du bordeaux fermenté, couvert d'une écume rose désagréable à l'œil.

Et, quand il se fut reposé plusieurs heures, après avoir de nouveau consulté sa carte, il repartit.

Au bout de quelque temps, il se trouva dans un carrefour que

---

1. Habillement lourd et peu pratique.

rien ne faisait prévoir. Il regarda le soleil, tâcha de s'orienter, réfléchit, étudia longtemps toutes les petites lignes croisées qui, sur le papier, figuraient des routes, et se convainquit bientôt qu'il était absolument égaré.

Devant lui s'ouvrait une ravissante allée dont le feuillage un peu grêle[1] laissait pleuvoir partout, sur le sol, des gouttes de soleil qui illuminaient des marguerites blanches cachées dans les herbes. Elle était allongée interminablement, et vide, et calme. Seul, un gros frelon solitaire et bourdonnant la suivait, s'arrêtant parfois sur une fleur qu'il inclinait, et repartant presque aussitôt pour se reposer encore un peu plus loin. Son corps énorme semblait en velours brun rayé de jaune, porté par des ailes transparentes, et démesurément petites. Patissot l'observait avec un profond intérêt, quand quelque chose remua sous ses pieds. Il eut peur d'abord, et sauta de côté ; puis, se penchant avec précaution, il aperçut une grenouille, grosse comme une noisette, qui faisait des bonds énormes.

Il se baissa pour la prendre, mais elle lui glissa dans les mains. Alors, avec des précautions infinies, il se traîna vers elle, sur les genoux, avançant tout doucement, tandis que son sac, sur son dos, semblait une carapace énorme et lui donnait l'air d'une grosse tortue en marche. Quand il fut près de l'endroit où la bestiole s'était arrêtée, il prit ses mesures, jeta ses deux mains en avant, tomba le nez dans le gazon, se releva avec deux poignées

---

1. Maigre, fin.

de terre et point de grenouille. Il eut beau chercher, il ne la retrouva pas.

Dès qu'il se fut remis debout, il aperçut là-bas, très loin, deux personnes qui venaient vers lui en faisant des signes. Une femme agitait son ombrelle, et un homme, en manches de chemise, portait sa redingote sur son bras. Puis la femme se mit à courir, appelant : « Monsieur ! Monsieur ! » Il s'essuya le front et répondit : « Madame ! – Monsieur, nous sommes perdus, tout à fait perdus ! » Une pudeur l'empêcha de faire le même aveu et il affirma gravement : « Vous êtes sur la route de Versailles. – Comment, sur la route de Versailles ? mais nous allons à Rueil. » Il se troubla, puis répondit néanmoins effrontément[1] : « Madame, je vais vous montrer, avec ma carte d'état-major, que vous êtes bien sur la route de Versailles. » Le mari s'approchait. Il avait un aspect éperdu, désespéré. La femme, jeune, jolie, une brunette énergique, s'emporta, dès qu'il fut près d'elle : « Viens voir ce que tu as fait : nous sommes à Versailles, maintenant. Tiens, regarde la carte d'état-major que Monsieur aura la bonté de te montrer. Sauras-tu lire, seulement ? Mon Dieu ! mon Dieu ! comme il y a des gens stupides ! Je t'avais dit pourtant de prendre à droite, mais tu n'as pas voulu ; tu crois toujours tout savoir. » Le pauvre garçon semblait désolé. Il répondit : « Mais, ma bonne amie, c'est toi... » Elle ne le laissa pas achever, et lui reprocha toute sa vie, depuis leur mariage,

---

1. Avec insolence.

145 jusqu'à l'heure présente. Lui, tournait des yeux lamentables vers les taillis[1], dont il semblait vouloir pénétrer la profondeur et, de temps en temps, comme pris de folie, il poussait un cri perçant, quelque chose comme « tiiit » qui ne semblait nullement étonner sa femme, mais qui emplissait Patissot de stupéfaction.

150   La jeune dame, tout à coup, se tournant vers l'employé avec un sourire : « Si Monsieur veut bien le permettre, nous ferons route avec lui pour ne pas nous égarer de nouveau et nous exposer à coucher dans le bois. » Ne pouvant refuser, il s'inclina, le cœur torturé d'inquiétudes, et ne sachant où il allait les
155 conduire.

    Ils marchèrent longtemps ; l'homme toujours criait : « tiiit » ; le soir tomba. Le voile de brume qui couvre la campagne au crépuscule se déployait lentement, et une poésie flottait, faite de cette sensation de fraîcheur particulière et charmante qui
160 emplit le bois à l'approche de la nuit. La petite femme avait pris le bras de Patissot et elle continuait, de sa bouche rose, à cracher des reproches pour son mari, qui, sans lui répondre, hurlait sans cesse : « tiiit », de plus en plus fort. Le gros employé, à la fin, lui demanda : « Pourquoi criez-vous comme ça ? »
165 L'autre, avec des larmes dans les yeux, lui répondit : « C'est mon pauvre chien que j'ai perdu. – Comment ! vous avez perdu votre chien ? – Oui, nous l'avions élevé à Paris ; il n'était jamais venu à la campagne, et, quand il a vu des feuilles, il fut telle-

---

1. Petits arbres.

ment content qu'il s'est mis à courir comme un fou. Il est entré dans le bois, et j'ai eu beau l'appeler, il n'est pas revenu. Il va mourir de faim là-dedans... tiiit... » La femme haussait les épaules. « Quand on est aussi bête que toi, on n'a pas de chien ! » Mais il s'arrêta, se tâtant le corps fiévreusement. Elle le regardait : « Eh bien, quoi ! – Je n'ai pas fait attention que j'avais ma redingote sur mon bras. J'ai perdu mon portefeuille... Mon argent était dedans. » – Cette fois, elle suffoqua de colère : « Eh bien, va le chercher ! » Il répondit doucement : « Oui, mon amie, où vous retrouverai-je ? » Patissot répondit hardiment : « Mais à Versailles ! » – Et, ayant entendu parler de l'hôtel des *Réservoirs*[1], il l'indiqua. Le mari se retourna et, courbé vers la terre que son œil anxieux parcourait, criant : « tiiit » à tout moment, il s'éloigna. – Il fut longtemps à disparaître ; l'ombre plus épaisse l'enveloppa, et sa voix encore, de très loin, envoyait son « tiiit » lamentable, plus aigu à mesure que la nuit se faisait plus noire et que son espoir s'éteignait.

Patissot fut délicieusement ému quand il se trouva seul, sous l'ombre touffue du bois, à cette heure langoureuse du crépuscule, avec cette petite femme inconnue qui s'appuyait à son bras. Et, pour la première fois de sa vie égoïste, il pressentit le charme des poétiques amours, la douceur des abandons, et la participation de la nature à nos tendresses qu'elle enveloppe. Il cherchait des mots galants, qu'il ne trouva pas, d'ailleurs. Mais une grand-route

---

1. Cet hôtel passait alors pour être l'un des meilleurs de Versailles.

se montra, des maisons apparurent à droite ; un homme passa. Patissot, tremblant, demanda le nom du pays. « Bougival. –

195 Comment ! Bougival ? vous êtes sûr ? – Parbleu ! j'en suis. »

La femme riait comme une petite folle. – L'idée de son mari perdu la rendait malade de joie. – On dîna au bord de l'eau, dans un restaurant champêtre. Elle fut charmante, enjouée, racontant mille histoires drôles, qui tournaient un peu la cer-

200 velle de son voisin. – Puis, au départ, elle s'écria : « Mais j'y pense, je n'ai pas le sou, puisque mon mari a perdu son porte-feuille. » – Patissot s'empressa, ouvrit sa bourse, offrit de prêter ce qu'il faudrait, tira un louis, s'imaginant qu'il ne pourrait pré-senter moins. Elle ne disait rien, mais elle tendit la main, prit

205 l'argent, prononça un « merci » grave qu'un sourire suivit bien-tôt, noua en minaudant[1] son chapeau devant la glace, ne per-mit pas qu'on l'accompagnât, maintenant qu'elle savait où aller, et partit finalement comme un oiseau qui s'envole, tandis que Patissot, très morne, faisait mentalement le compte des

210 dépenses de la journée.

Il n'alla pas au ministère le lendemain, tant il avait la migraine.

---

1. En prenant des poses dans le but de séduire M. Patissot.

BIEN LIRE

• **Quel est le programme établi par M. Patissot ?**
• **Quel parcours effectue-t-il en fait ?**

3
Chez un ami

Pendant toute la semaine, Patissot raconta son aventure, et il dépeignait poétiquement les lieux qu'il avait traversés, s'indignant de rencontrer si peu d'enthousiasme autour de lui. Seul un vieil expéditionnaire toujours taciturne, M. Boivin, surnommé Boileau, lui prêtait une attention soutenue. Il habitait lui-même la campagne, avait un petit jardin qu'il cultivait avec soin ; il se contentait de peu, et était parfaitement heureux, disait-on. Patissot, maintenant, comprenait ses goûts, et la concordance[1] de leurs aspirations les rendit tout de suite amis. Le père Boivin, pour cimenter cette sympathie naissante, l'invita à déjeuner pour le dimanche suivant dans sa petite maison de Colombes.

Patissot prit le train de huit heures et, après de nombreuses recherches, découvrit, juste au milieu de la ville, une espèce de ruelle obscure, un cloaque fangeux[2] entre deux hautes murailles et, tout au bout, une porte pourrie, fermée avec une ficelle enroulée à deux clous. Il ouvrit et se trouva face à face avec un être innommable qui devait cependant être une femme. La poitrine semblait enveloppée de torchons sales, des jupons en loques pendaient autour des hanches, et, dans ses cheveux embroussaillés, des plumes de pigeons voltigeaient. Elle

1. Ressemblance.
2. Lieu sale et boueux.

regardait le visiteur d'un air furieux avec ses petits yeux gris ; puis, après un moment de silence, elle demanda :

« Qu'est-ce que vous désirez ?

25   – M. Boivin.

– C'est ici. Qu'est-ce que vous lui voulez, à M. Boivin ? » Patissot, troublé, hésitait.

« Mais il m'attend. »

Elle eut l'air encore plus féroce et reprit :

30   « Ah ! c'est vous qui venez pour le déjeuner ? »

Il balbutia un « oui » tremblant. Alors, se tournant vers la maison, elle cria d'une voix rageuse :

« Boivin, voilà ton homme ! »

Le petit père Boivin aussitôt parut sur le seuil d'une sorte de 35 baraque en plâtre, couverte en zinc, avec un rez-de-chaussée seulement, et qui ressemblait à une chaufferette[1]. Il avait un pantalon de coutil[2] blanc maculé de taches de café et un panama[3] crasseux. Après avoir serré les mains de Patissot, il l'emmena dans ce qu'il appelait son jardin : c'était, au bout 40 d'un nouveau couloir fangeux, un petit carré de terre grand comme un mouchoir et entouré de maisons, si hautes, que le soleil y donnait seulement pendant deux ou trois heures par jour. Des pensées, des œillets, des ravenelles[4], quelques rosiers, agonisaient au fond de ce puits sans air et chauffé comme un 45 four par la réverbération des toits.

---

1. Boîte percée de trous dans laquelle on met des cendres pour se chauffer les pieds.
2. Toile de coton.
3. Chapeau de paille.
4. Giroflées des jardins.

« Je n'ai pas d'arbres, disait Boivin, mais les murs des voisins m'en tiennent lieu, et j'ai de l'ombre comme dans un bois. »

Puis, prenant Patissot par un bouton :

« Vous allez me rendre un service. Vous avez vu la bourgeoise : elle n'est pas commode, hein ! Mais vous n'êtes pas au bout, attendez le déjeuner. Figurez-vous que, pour m'empêcher de sortir, elle ne me donne pas mes habits de bureau, et ne me laisse que des hardes[1] trop usées pour la ville. Aujourd'hui j'ai des effets[2] propres ; je lui ai dit que nous dînions[3] ensemble. C'est entendu. Mais je ne peux pas arroser, de peur de tacher mon pantalon. Si je tache mon pantalon, tout est perdu ! j'ai compté sur vous n'est-ce pas ? »

Patissot y consentit, ôta sa redingote, retroussa ses manches et se mit à fatiguer à tour de bras une espèce de pompe qui sifflait, soufflait, râlait comme un poitrinaire, pour lâcher un filet d'eau pareil à l'écoulement d'une fontaine Wallace[4]. Il fallut dix minutes pour emplir un arrosoir. Patissot était en nage. Le père Boivin le guidait :

« Ici, à cette plante... encore un peu... Assez ! À cette autre. »

Mais l'arrosoir, percé, coulait, et les pieds de Patissot recevaient plus d'eau que les fleurs ; le bas de son pantalon, trempé, s'imprégnait de boue. Et vingt fois de suite, il recommença,

---

1. Vieux vêtements, guenilles.
2. Vêtements.
3. Déjeunions (dans un sens vieilli ou régional).
4. Sir Richard Wallace (1818-1890) offrit à la ville de Paris cent fontaines publiques qui délivrent en leur centre un mince filet d'eau potable.

retrempa ses pieds, ressua en faisant geindre[1] le volant de la
70 pompe ; et quand, exténué, il voulait s'arrêter, le père Boivin,
suppliant, le tirait par le bras.

« Encore un arrosoir, un seul, et c'est fini. »

Pour le remercier, il lui fit don d'une rose ; mais d'une rose
tellement épanouie qu'au contact de la redingote de Patissot
75 elle s'effeuilla complètement, laissant à sa boutonnière une
sorte de poire verdâtre qui l'étonna beaucoup. Il n'osa rien dire,
par discrétion. Boivin fit semblant de ne pas voir.

Mais la voix éloignée de Mme Boivin se fit entendre :

« Viendrez-vous à la fin ? Quand on vous dit que c'est prêt ! »
80 Ils se dirigèrent vers la chaufferette, aussi tremblants que
deux coupables.

Si le jardin se trouvait à l'ombre, la maison, par contre, était
en plein soleil, et aucune chaleur d'étuve[2] n'égalait celle de ses
appartements.
85 Trois assiettes, flanquées[3] de couverts en étain mal lavés, se
collaient sur la graisse ancienne d'une table de sapin, au milieu
de laquelle un vase en terre contenait des filaments de vieux
bouilli[4] réchauffés dans un liquide quelconque, où nageaient
des pommes de terre tachetées. On s'assit. On mangea.
90 Une grande carafe pleine d'eau légèrement teintée de rouge
tirait l'œil de Patissot. Boivin, un peu confus, dit à sa femme :

---

1. Gémir.
2. Lieu où il fait très chaud.
3. Garnies sur les côtés.
4. Viande bouillie.

« Dis donc, ma chérie, pour l'occasion, ne vas-tu pas nous donner un peu de vin pur ? »

Elle le dévisagea furieusement :

« Pour que vous vous grisiez tous les deux, n'est-ce pas, et que vous restiez à crier chez moi toute la journée ? Merci de l'occasion ! »

Il se tut. Après le ragoût, elle apporta un autre plat de pommes de terre accommodées avec un peu de lard tout à fait rance[1] ; quand ce nouveau mets fut achevé, toujours en silence, elle déclara :

« C'est tout. Filez maintenant. »

Boivin la contemplait, stupéfait.

« Mais le pigeon ? le pigeon que tu plumais ce matin ? »

Elle mit ses mains sur ses hanches.

« Vous n'en avez pas assez peut-être ? Parce que tu amènes des gens, ce n'est pas une raison pour dévorer tout ce qu'il y a dans la maison. Qu'est-ce que je mangerai, moi, ce soir, Monsieur ? »

Les deux hommes se levèrent, sortirent devant la porte, et le petit père Boivin, dit Boileau, coula dans l'oreille de Patissot :

« Attendez-moi une minute et nous filons ! »

Puis il passa dans la pièce à côté pour compléter sa toilette ; alors Patissot entendit ce dialogue :

« Donne-moi vingt sous, ma chérie ?

– Qu'est-ce que tu veux faire avec vingt sous ?

---

1. Vieux, gâté.

– Mais on ne sait pas ce qui peut arriver ; il est toujours bon d'avoir de l'argent. »

Elle hurla, pour être entendue du dehors :

« Non, Monsieur, je ne te les donnerai pas ; puisque cet
120 homme a déjeuné chez toi, c'est bien le moins qu'il paye tes dépenses de la journée. »

Le père Boivin revint prendre Patissot ; mais celui-ci, voulant être poli, s'inclina devant la maîtresse du logis, et balbutia :

« Madame... remerciements... gracieux accueil... »

125 Elle répondit :

« C'est bon, – mais n'allez pas me le ramener soûl, parce que vous auriez affaire à moi – vous savez ! »

Et ils partirent.

On gagna le bord de la Seine, en face d'une île plantée de
130 peupliers. Boivin, regardant la rivière avec tendresse, serra le bras de son voisin :

« Hein ! dans huit jours, on y sera, monsieur Patissot.

– Où sera-t-on, monsieur Boivin ?

– Mais... à la pêche : elle ouvre le quinze. »

135 Patissot eut un petit frémissement, comme lorsqu'on rencontre pour la première fois la femme qui ravagera votre âme. Il répondit :

« Ah !... vous êtes pêcheur, monsieur Boivin ?

– Si je suis pêcheur, Monsieur ! Mais c'est ma passion, la
140 pêche ! »

Alors Patissot l'interrogea avec un profond intérêt. Boivin lui nomma tous les poissons qui folâtraient sous cette eau noire...

Et Patissot croyait les voir. Boivin énuméra les hameçons, les appâts, les lieux, les temps convenables pour chaque espèce... Et Patissot se sentait devenir plus pêcheur que Boivin lui-même. Ils convinrent que, le dimanche suivant, ils feraient l'ouverture ensemble, pour l'instruction de Patissot, qui se félicitait d'avoir découvert un initiateur aussi expérimenté.

On s'arrêta pour dîner devant une sorte de bouge[1] obscur que fréquentaient les mariniers et toute la crapule des environs. Devant la porte, le père Boivin eut soin de dire :

« Ça n'a pas d'apparence, mais on y est fort bien. »

Ils se mirent à table. Dès le second verre d'argenteuil[2], Patissot comprit pourquoi Mme Boivin ne servait que de l'abondance[3] à son mari : le petit bonhomme perdait la tête ; il pérorait [4], se leva, voulut faire des tours de force, se mêla, en pacificateur, à la querelle de deux ivrognes qui se battaient ; et il aurait été assommé avec Patissot sans l'intervention du patron. Au café, il était ivre à ne pouvoir marcher, malgré les efforts de son ami pour l'empêcher de boire ; et, quand ils partirent, Patissot le soutenait par les bras.

Ils s'enfoncèrent dans la nuit à travers la plaine, perdirent le sentier, errèrent longtemps ; puis, tout à coup, se trouvèrent au milieu d'une forêt de pieux, qui leur arrivaient à la hauteur du nez. C'était une vigne avec ses échalas[5]. Ils circulèrent

---

1. Café mal fréquenté.
2. Vin médiocre produit dans la région d'Argenteuil, en banlieue parisienne.
3. Boisson servie aux enfants et composée de vin largement coupé d'eau.
4. Discourait d'une manière prétentieuse.
5. Pieux qui soutiennent les ceps d'une vigne.

longtemps au travers, vacillants, affolés, revenant sur leurs pas sans parvenir à trouver le bout. À la fin, le petit père Boivin, dit Boileau, s'abattit sur un bâton qui lui déchira la figure et, sans s'émouvoir autrement, il demeura assis par terre, poussant de
170 tout son gosier, avec une obstination d'ivrogne, des « la-i-tou » prolongés et retentissants, pendant que Patissot, éperdu, criait aux quatre points cardinaux :

« Holà, quelqu'un ! Holà, quelqu'un ! »

Un paysan attardé les secourut et les remit dans leur chemin.
175 Mais l'approche de la maison Boivin épouvantait Patissot. Enfin, on parvint à la porte, qui s'ouvrit brusquement devant eux, et, pareille aux antiques furies[1], Mme Boivin parut, une chandelle à la main. Dès qu'elle aperçut son mari, elle s'élança vers Patissot en vociférant :
180 « Ah ! canaille ! je savais bien que vous alliez le soûler. »

Le pauvre bonhomme eut une peur folle, lâcha son ami qui s'écroula dans la boue huileuse de la ruelle, et s'enfuit à toutes jambes jusqu'à la gare.

---

1. Nom donné aux trois divinités vengeresses (Alecto, Mégère et Tisiphone) chargées de châtier les criminels.

BIEN LIRE

• **Qui dirige le ménage Boivin ? Justifiez votre réponse.**

4
Pêche à la ligne

La veille du jour où il devait, pour la première fois de sa vie, lancer un hameçon dans une rivière, M. Patissot se procura, contre la somme de 80 centimes, le *Parfait pêcheur à la ligne*[1]. Il apprit, dans cet ouvrage, mille choses utiles, mais il fut particulièrement frappé par le style, et il retint le passage suivant :

« En un mot, voulez-vous, sans soins, sans documents, sans préceptes[2], voulez-vous réussir et pêcher avec succès à droite, à gauche ou devant vous, en descendant ou en remontant, avec cette allure de conquête qui n'admet pas de difficulté ? Eh bien ! pêchez avant, pendant et après l'orage, quand le ciel s'entrouvre et se zèbre de lignes de feu, quand la terre s'émeut par les roulements prolongés du tonnerre : alors, soit avidité, soit terreur, tous les poissons agités, turbulents, confondent leurs habitudes dans une sorte de galop universel.

Dans cette confusion, suivez ou négligez tous les diagnostics des chances favorables, allez à la pêche, vous marchez à la victoire ! »

Puis, afin de pouvoir captiver[3] en même temps des poissons de toutes grosseurs, il acheta trois instruments perfectionnés, cannes pour la ville, lignes sur le fleuve, se déployant démesu-

---

1. Selon l'un des spécialistes de Maupassant, Louis Forestier (Éd. La Pléiade), le passage qui suit est réellement emprunté à cet ouvrage, plusieurs fois réimprimé du temps de Maupassant.
2. Leçons, principes.
3. Faire prisonniers (dans son sens étymologique).

rément au moyen d'une simple secousse. Pour le goujon, il eut des hameçons n° 15, du n° 12 pour la brème et il comptait bien, avec le n° 7, emplir son panier de carpes et de barbillons[1]. Il n'acheta pas de vers de vase qu'il était sûr de trouver partout,

25 mais il s'approvisionna d'asticots. Il en avait un grand pot tout plein ; et le soir, il les contempla. Les hideuses bêtes, répandant une puanteur immonde, grouillaient dans leur bain de son, comme elles font dans les viandes pourries ; et Patissot voulut s'exercer d'avance à les accrocher aux hameçons. Il en prit une

30 avec répugnance ; mais, à peine l'eût-il posée sur la pointe aiguë de l'acier courbé qu'elle creva et se vida complètement. Il recommença vingt fois de suite sans plus de succès, et il aurait peut-être continué toute la nuit s'il n'eût craint d'épuiser toute sa provision de vermine.

35   Il partit par le premier train. La gare était pleine de gens armés de cannes à pêche. Les unes, comme celles de Patissot, semblaient de simples bambous ; mais les autres, d'un seul morceau, montaient dans l'air en s'amincissant. C'était comme une forêt de fines baguettes qui se heurtaient à tout moment, se mêlaient,

40 semblaient se battre comme des épées, ou se balancer comme des mâts au-dessus d'un océan de chapeaux de paille à larges bords.

    Quand la locomotive se mit en marche, on en voyait sortir de toutes les portières, et les impériales[2], d'un bout à l'autre du convoi, en étant hérissées, le train avait l'air d'une longue che-

45 nille qui se déroulait par la plaine.

---

1. Le goujon, la brème, la carpe et le barbillon sont quatre poissons d'eau douce.
2. Étages supérieurs d'un wagon.

On descendit à Courbevoie, et la diligence de Bezons fut emportée d'assaut. Un amoncellement de pêcheurs se tassa sur le toit, et comme ils tenaient leurs lignes à la main, la guimbarde[1] prit tout à coup l'aspect d'un gros porc-épic.

Tout le long de la route on voyait des hommes se diriger dans le même sens, comme pour un immense pèlerinage vers une Jérusalem inconnue. Ils portaient leurs longs bâtons effilés, rappelant ceux des anciens fidèles revenus de Palestine, et une boîte en fer-blanc leur battait le dos. Ils se hâtaient.

À Bezons, le fleuve apparut. Sur ses deux bords, une file de personnes, des hommes en redingote, d'autres en coutil, d'autres en blouse, des femmes, des enfants, même des jeunes filles prêtes à marier, pêchaient.

Patissot se rendit au barrage, où son ami Boivin l'attendait. L'accueil de ce dernier fut froid. Il venait de faire connaissance avec un gros monsieur de cinquante ans environ, qui paraissait très fort, et dont la figure était brûlée du soleil. Tous les trois, ayant loué un grand bateau, allèrent s'accrocher presque sous la chute du barrage, dans les remous où l'on prend le plus de poisson.

Boivin fut tout de suite prêt, et ayant amorcé sa ligne il la lança, puis il demeura immobile, fixant le petit flotteur avec une attention extraordinaire. Mais de temps en temps il retirait son fil de l'eau pour le jeter un peu plus loin. Le gros monsieur, quand il eut envoyé dans la rivière ses hameçons bien appâtés, posa la ligne à son côté, bourra sa pipe, l'alluma,

---

1. Vieille voiture, tacot.

se croisa les bras, et, sans un coup d'œil au bouchon, il regarda l'eau couler. Patissot recommença à crever des asticots. Au bout de cinq minutes, il interpella Boivin : « Monsieur Boivin, 75 vous seriez bien aimable de mettre ces bêtes à mon hameçon. J'ai beau essayer, je n'arrive pas. » Boivin releva la tête : « Je vous prierai de ne pas me déranger, monsieur Patissot ; nous ne sommes pas ici pour nous amuser. » Cependant il amorça la ligne, que Patissot lança, imitant avec soin tous les mouve-80 ments de son ami.

La barque contre la chute d'eau dansait follement ; des vagues la secouaient, de brusques retours de courant la faisaient virer comme une toupie, quoiqu'elle fût amarrée par les deux bouts ; et Patissot, tout absorbé par la pêche, éprouvait 85 un malaise vague, une lourdeur de tête, un étourdissement étrange.

On ne prenait rien cependant : le petit père Boivin, très nerveux, avait des gestes secs, des hochements de front désespérés ; Patissot en souffrait comme d'un désastre ; seul le gros mon-90 sieur, toujours immobile, fumait tranquillement, sans s'occuper de sa ligne. À la fin, Patissot, navré, se tourna vers lui, et, d'une voix triste : « Ça ne mord pas ? »

L'autre répondit simplement :

« Parbleu ! »

95 Patissot, étonné, le considéra.

« En prenez-vous quelquefois beaucoup ?

– Jamais !

– Comment, jamais ?

Le gros homme, tout en fumant comme une cheminée de fabrique[1], lâcha ces mots qui révolutionnèrent son voisin :

« Ça me gênerait rudement si ça mordait. Je ne viens pas pour pêcher, moi, je viens parce qu'on est très bien ici : on est secoué comme en mer ; si je prends une ligne, c'est pour faire comme les autres. »

M. Patissot, au contraire, ne se trouvait plus bien du tout. Son malaise, vague d'abord, augmentant toujours, prit une forme enfin. On était, en effet, secoué comme en mer, et il souffrait du mal des paquebots.

Après la première atteinte un peu calmée, il proposa de s'en aller ; mais Boivin, furieux, faillit lui sauter à la face. Cependant, le gros homme, pris de pitié, ramena la barque d'autorité, et, lorsque les étourdissements de Patissot furent dissipés, on s'occupa de déjeuner.

Deux restaurants se présentaient.

L'un tout petit, avec un aspect de guinguette[2], était fréquenté par le fretin[3] des pêcheurs. L'autre, qui portait le nom de *Chalet des Tilleuls*, ressemblait à une villa bourgeoise et avait pour clientèle l'aristocratie de la ligne. Les deux patrons, ennemis de naissance, se regardaient haineusement par-dessus un grand terrain qui les séparait, et où s'élevait la maison blanche du garde-pêche et du barragiste. Ces autorités, d'ailleurs, tenaient

---

1. Usine.
2. Café populaire, à la mode au tournant du siècle, où l'on mange, boit et danse, souvent dans un cadre champêtre.
3. Partie négligeable d'un groupe.

l'une pour la guinguette, l'autre pour les *Tilleuls*, et les dissen-
timents[1] intérieurs de ces trois maisons isolées reproduisaient
l'histoire de toute l'humanité.

125   Boivin, qui connaissait la guinguette y voulait aller : « On y
est très bien servi, et ça n'est pas cher ; vous verrez. Du reste,
monsieur Patissot, ne vous attendez pas à me griser comme
vous avez fait dimanche dernier ; ma femme était furieuse,
savez-vous, et elle a juré qu'elle ne vous pardonnerait jamais ! »

130   Le gros monsieur déclara qu'il ne mangerait qu'aux *Tilleuls*,
parce que c'était, affirmait-il, une maison excellente, où l'on
faisait la cuisine comme dans les meilleurs restaurants de Paris.
« Faites comme vous voudrez, déclara Boivin ; moi, je vais où
j'ai mes habitudes. » Et il partit. Patissot, mécontent de son

135   ami, suivit le gros monsieur.

Ils déjeunèrent en tête à tête, échangèrent leurs manières de
voir, se communiquèrent leurs impressions et reconnurent
qu'ils étaient faits pour s'entendre.

Après le repas, on se remit à pêcher, mais les deux nouveaux

140   amis partirent ensemble le long de la berge, s'arrêtèrent contre
le pont du chemin de fer et jetèrent leurs lignes à l'eau, tout en
causant. Ça continuait à ne pas mordre ; Patissot maintenant
en prenait son parti.

Une famille s'approcha. Le père, avec des favoris[2] de magistrat,

---

1. Conflits, désaccords.
2. Touffes de barbe, à la mode au XIXᵉ siècle, qu'on laisse pousser de chaque côté du visage.

tenait une ligne démesurée ; trois enfants du sexe mâle, de tailles différentes, portaient des bambous de longueurs diverses, selon leur âge, et la mère, très forte, manœuvrait avec grâce une charmante canne à pêche, ornée d'une faveur[1] à la poignée. Le père salua : « L'endroit est-il bon, Messieurs ? » Patissot allait parler, quand son voisin répondit : « Excellent ! » Toute la famille sourit et s'installa autour des deux pêcheurs. Alors Patissot fut saisi d'une envie folle de prendre un poisson, un seul, n'importe lequel, gros comme une mouche, pour inspirer de la considération à tout ce monde ; et il se mit à manœuvrer sa ligne comme il avait vu Boivin le faire dans la matinée. Il laissait le flotteur suivre le courant jusqu'au bout du fil, donnait une secousse, tirait les hameçons de la rivière ; puis, leur faisant décrire en l'air un large cercle, il les rejetait à l'eau quelques mètres plus haut. Il avait même, pensait-il, attrapé le chic pour faire ce mouvement avec élégance, quand sa ligne, qu'il venait d'enlever d'un coup de poignet rapide, se trouva arrêtée quelque part derrière lui. Il fit un effort ; un grand cri éclata dans son dos, et il aperçut, décrivant dans le ciel une courbe de météore, et accroché à l'un de ses hameçons, un magnifique chapeau de femme, chargé de fleurs, qu'il déposa, toujours au bout de sa ficelle, juste au beau milieu du fleuve.

Il se retourna effaré, lâchant sa ligne, qui suivit le chapeau, filant avec le courant, pendant que le gros monsieur, son

---

1. Ruban.

nouvel ami, renversé sur le dos, riait à pleine gorge. La dame,
170 décoiffée et stupéfaite, suffoquait de colère ; le mari se fâcha
tout à fait, et il réclamait le prix du chapeau, que Patissot paya
bien le triple de sa valeur.

Puis la famille partit avec dignité.

Patissot prit une autre canne, et, jusqu'au soir, il baigna des
175 asticots. Son voisin dormait tranquillement sur l'herbe. Il se
réveilla vers sept heures.

« Allons-nous-en ! » dit-il.

Alors Patissot retira sa ligne, poussa un cri, tomba d'étonnement sur le derrière. Au bout du fil, un tout petit poisson se
180 balançait. Quand on le considéra de plus près, on vit qu'il était
accroché par le milieu du ventre ; un hameçon l'avait happé au
passage en sortant de l'eau.

Ce fut un triomphe, une joie démesurée. Patissot voulut
qu'on le fît frire pour lui tout seul.

185 Pendant le dîner, l'intimité s'accrut avec sa nouvelle
connaissance. Il apprit que ce particulier habitait Argenteuil,
canotait à la voile depuis trente ans sans découragement, et il
accepta à déjeuner chez lui pour le dimanche suivant, avec
la promesse d'une bonne partie de canot dans le *Plongeon*,
190 clipper[1] de son ami.

La conversation l'intéressa si fort qu'il en oublia sa pêche.

La pensée lui en vint seulement après le café, et il exigea

---

1. Bateau de plaisance de forme effilée.

qu'on la lui apportât. C'était, au milieu de l'assiette, une sorte d'allumette jaunâtre et tordue. Il la mangea cependant avec orgueil, et, le soir, sur l'omnibus, il racontait à ses voisins qu'il avait pris dans la journée quatorze livres de friture.

BIEN LIRE

• **Comment M. Patissot se prépare-t-il à sa partie de pêche ? Montrez que rien ne se passe comme prévu.**

5
Deux hommes célèbres

M. Patissot avait promis à son ami le canotier qu'il passerait avec lui la journée du dimanche suivant. Une circonstance imprévue dérangea ses projets. Il rencontra un soir, sur le boulevard, un de ses cousins qu'il voyait fort rarement. C'était un journaliste aimable, très lancé dans tous les mondes, et qui proposa son concours à Patissot pour lui montrer bien des choses intéressantes.

« Que faites-vous dimanche, par exemple ?

– Je vais à Argenteuil, canoter.

– Allons donc, c'est assommant, votre canotage ; c'est ça qui ne change jamais. Tenez, je vous emmène avec moi. Je vous ferai connaître deux hommes illustres et visiter deux maisons d'artistes.

– Mais on m'a ordonné d'aller à la campagne !

– C'est à la campagne que nous irons. Je ferai, en passant, une visite à Meissonier[1], dans sa propriété de Poissy ; puis nous gagnerons à pied Médan, où habite Zola[2], à qui j'ai mission de demander son prochain roman pour notre journal. »

Patissot, délirant de joie, accepta.

Il acheta même une redingote neuve, la sienne étant un peu

---

1. Peintre et dessinateur français (1815-1891), renommé en son temps, spécialiste des scènes de genre et des scènes militaires.
2. Chef de file des romanciers naturalistes qu'il réunissait autour de lui dans sa propriété de Médan, Émile Zola (1840-1902) est l'auteur des *Rougon-Macquart*, série à succès de vingt romans.

usée, afin de se présenter convenablement, et il avait une peur horrible de dire des bêtises, soit au peintre, soit à l'homme de lettres, comme tous les gens qui parlent des arts qu'ils n'ont jamais pratiqués.

Il communiqua ses craintes à son cousin, qui se mit à rire, en lui répondant : « Bah ! faites seulement des compliments, rien que des compliments, toujours des compliments ; ça fait passer les bêtises quand on en dit. Vous connaissez les tableaux de Meissonier ?

– Je crois bien.

– Vous avez lu les *Rougon-Macquart* ?

– D'un bout à l'autre.

– Ça suffit. Nommez un tableau de temps en temps, citez un roman par-ci, par-là, et ajoutez : Superbe !!! Extraordinaire !!! Délicieux d'exécution !!! Étrangement puissant, etc. De cette façon on s'en tire toujours. Je sais bien que ces deux hommes-là sont rudement blasés sur tout ; mais, voyez-vous, les louanges, ça fait toujours plaisir à un artiste. »

Le dimanche matin, ils partirent pour Poissy.

À quelques pas de la gare, au bout de la place de l'église, ils trouvèrent la propriété de Meissonier. Après avoir passé sous une porte basse peinte en rouge et que continue un magnifique berceau de vignes, le journaliste s'arrêta et, se tournant vers son compagnon :

« Comment vous figurez-vous Meissonier ? »

Patissot hésitait. Enfin il se décida : « Un petit homme, très soigné, rasé, d'allure militaire. » L'autre sourit : « C'est bien.

Venez. » Un bâtiment en forme de chalet, fort bizarre, apparaissait à gauche ; et, à droite, presque en face, un peu en
50 contrebas, la maison principale. C'était une construction sin-
gulière où il y avait de tout, de la forteresse gothique, du
manoir, de la villa, de la chaumière, de l'hôtel, de la cathédrale,
de la mosquée, de la pyramide, du gâteau de Savoie, de l'oriental et de l'occidental. Un style supérieurement compliqué, à
55 rendre fou un architecte classique, quelque chose de fantastique et de joli cependant, inventé par le peintre et exécuté
sous ses ordres.

Ils entrèrent ; des malles encombraient un petit salon. Un
homme parut, vêtu d'une vareuse[1] et petit. Mais ce qui frappait
60 en lui, c'était sa barbe, une barbe de prophète, invraisemblable,
un fleuve, un ruissellement, un Niagara[2] de barbe. Il salua le
journaliste : « Je vous demande pardon, cher Monsieur ; je suis
arrivé hier seulement, et tout est encore bouleversé chez moi.
Asseyez-vous. » L'autre refusa, s'excusant : « Mon cher maître, je
65 n'étais venu qu'en passant vous présenter mes hommages. »
Patissot, très troublé, s'inclinait à chaque parole de son ami,
comme par un mouvement automatique, et il murmura, en
bégayant un peu : « Quelle su-su-perbe propriété ! » Le peintre,
flatté, sourit et proposa de la visiter.

70 Il les mena d'abord dans un petit pavillon d'aspect féodal,
où se trouvait son ancien atelier, donnant sur une terrasse.

---

1. Courte blouse en toile.
2. Célèbres chutes des États-Unis, près de la frontière canadienne.

Puis ils traversèrent un salon, une salle à manger, un vestibule pleins d'œuvres d'art merveilleuses, de tapisseries adorables de Beauvais, des Gobelins et des Flandres. Mais le luxe bizarre d'ornementation du dehors devenait, au-dedans, un luxe d'escaliers prodigieux. Escalier d'honneur magnifique, escalier dérobé dans une tour, escalier de service dans une autre, escalier partout ! Patissot, par hasard, ouvre une porte et recule stupéfait. C'était un temple, cet endroit dont les gens respectables ne prononcent le nom qu'en anglais, un sanctuaire original et charmant, d'un goût exquis, orné comme une pagode[1], et dont la décoration avait assurément coûté de grands efforts de pensée.

Ils visitèrent ensuite le parc, compliqué, mouvementé, torturé, plein de vieux arbres. Mais le journaliste voulut absolument prendre congé, et, remerciant beaucoup, quitta le maître. Ils rencontrèrent, en sortant, un jardinier ; Patissot lui demanda : « Y a-t-il longtemps que M. Meissonier possède cela ? » Le bonhomme répondit : « Oh, Monsieur, faudrait s'expliquer. Il a bien acheté la terre en 1846, mais la maison ! ! ! il l'a démolie et reconstruite déjà cinq ou six fois depuis[2]... Je suis sûr qu'il y a deux millions là-dedans, Monsieur ! »

Et Patissot, en s'en allant, fut pris d'une immense considération pour cet homme, non pas tant à cause de ses grands succès, de sa gloire et de son talent, mais parce qu'il mettait tant

---

1. Temple d'Extrême-Orient.
2. De fait, M. Messonier n'a eu de cesse de démolir et de rebâtir tout ou partie de sa demeure.

d'argent pour une fantaisie, tandis que les bourgeois ordinaires
se privent de toute fantaisie pour amasser de l'argent !

Après avoir traversé Poissy, ils prirent, à pied, la route de
Médan. Le chemin suit d'abord la Seine, peuplée d'îles char-
100 mantes en cet endroit, puis remonte pour traverser le joli village de Villennes, redescend un peu, et pénètre enfin au pays
habité par l'auteur des *Rougon-Macquart*.

Une église ancienne et coquette, flanquée de deux tourelles,
se présenta d'abord sur la gauche. Ils firent encore quelques pas,
105 et un paysan qui passait leur indiqua la porte du romancier.

Avant d'entrer, ils examinèrent l'habitation. Une grande
construction carrée et neuve, très haute, semblait avoir accou-
ché, comme la montagne de la fable[1], d'une toute petite maison blanche blottie à son pied. Cette dernière maison, la
110 demeure primitive, a été bâtie par l'ancien propriétaire. La tour
fut édifiée par Zola.

Ils sonnèrent. Un chien énorme, croisement de montagnard
et de terre-neuve, se mit à hurler si terriblement que Patissot
éprouvait un vague désir de retourner sur ses pas. Mais un
115 domestique, accourant, calma *Bertrand*[2], ouvrit la porte et
reçut la carte du journaliste pour la porter à son maître.

« Pourvu qu'il nous reçoive ! murmurait Patissot ; ça
m'ennuierait rudement d'être venu jusqu'ici sans le voir. »

---

1. Cette comparaison fait référence à une fable de La Fontaine, « La montagne qui accouche », (V, 10).
2. Tel est effectivement le nom du chien de Zola !

Son compagnon souriait :

« Ne craignez rien ; j'ai mon idée pour entrer. »

Mais le domestique, qui revenait, les pria simplement de le suivre.

Ils pénétrèrent dans la construction neuve, et Patissot, fort ému, soufflait en gravissant un escalier de forme ancienne, qui les conduisit au second étage.

Il cherchait en même temps à se figurer cet homme dont le nom sonore et glorieux résonne en ce moment à tous les coins du monde, au milieu de la haine exaspérée des uns, de l'indignation vraie ou feinte des gens du monde, du mépris envieux de quelques confrères, du respect de toute une foule de lecteurs, et de l'admiration frénétique d'un grand nombre ; et il s'attendait à voir apparaître une sorte de géant barbu, d'aspect terrible, avec une voix retentissante, et d'abord peu engageant.

La porte s'ouvrit sur une pièce démesurément grande et haute qu'un vitrage, donnant sur la plaine, éclairait dans toute sa largeur. Des tapisseries anciennes couvraient les murs ; à gauche, une cheminée monumentale, flanquée de deux bonshommes de pierre, aurait pu brûler un chêne centenaire en un jour ; et une table immense, chargée de livres, de papiers et de journaux, occupait le milieu de cet appartement tellement vaste et grandiose qu'il accaparait l'œil tout d'abord, et que l'attention ne se portait qu'ensuite vers l'homme, étendu, quand ils entrèrent, sur un divan oriental où vingt personnes auraient dormi.

145   Il fit quelques pas vers eux, salua, désigna de la main deux sièges et se remit sur son divan, une jambe repliée sous lui. Un livre à son côté gisait, et il maniait de la main droite un couteau à papier en ivoire dont il contemplait le bout de temps en temps, d'un seul œil, en fermant l'autre avec une obstination 150 de myope.

Pendant que le journaliste expliquait l'intention de sa visite, et que l'écrivain l'écoutait sans répondre encore, en le regardant fixement par moments, Patissot, de plus en plus gêné, considérait cette célébrité.

155   Âgé de quarante ans à peine, il était de taille moyenne, assez gros et d'aspect bonhomme. Sa tête (très semblable à celles qu'on retrouve dans beaucoup de tableaux italiens du XVIe siècle), sans être belle au sens plastique[1] du mot, présentait un grand caractère de puissance et d'intelligence. Les cheveux 160 courts se redressaient sur le front très développé. Un nez droit s'arrêtait, coupé net, comme par un coup de ciseau trop brusque, au-dessus de la lèvre supérieure, qu'ombrageait une moustache assez épaisse ; et le menton entier était couvert de barbe taillée près de la peau. Le regard noir, souvent ironique, 165 pénétrait ; et l'on sentait que là derrière une pensée toujours active travaillait, perçant les gens, interprétant les paroles, analysant les gestes, dénudant le cœur. Cette tête ronde et forte était bien celle de son nom, rapide et court, aux deux syllabes bondissantes dans le retentissement des deux voyelles.

---

1. Esthétique.

Quand le journaliste eut terminé son boniment[1], l'écrivain lui répondit qu'il ne voulait point s'engager ; qu'il verrait cependant plus tard ; que son plan même n'était point encore suffisamment arrêté. Puis il se tut. C'était un congé, et les deux hommes, un peu confus, se levèrent. Mais un désir envahit Patissot : il voulait que ce personnage si connu lui dît un mot, un mot quelconque, qu'il pourrait répéter à ses collègues ; et, s'enhardissant, il balbutia : « Oh ! Monsieur, si vous saviez combien j'apprécie vos ouvrages ! » L'autre s'inclina, mais ne répondit rien. Patissot devenait téméraire[2], il reprit : « C'est un bien grand honneur pour moi de vous parler aujourd'hui. » L'écrivain salua encore, mais d'un air roide[3] et impatienté. Patissot s'en aperçut, et, perdant la tête, il ajouta en se retirant : « Quelle su-su-superbe propriété ! »

Alors le propriétaire s'éveilla dans le cœur indifférent de l'homme de lettres qui, souriant, ouvrit le vitrage pour montrer l'étendue de la perspective. Un horizon démesuré s'élargissait de tous les côtés, c'était Triel, Pisse-Fontaine, Chanteloup, toutes les hauteurs de l'Hautie, et la Seine, à perte de vue. Les deux visiteurs en extase félicitaient ; et la maison leur fut ouverte. Ils virent tout, jusqu'à la cuisine élégante dont les murs et le plafond même, recouverts en faïence à dessins bleus, excitent l'étonnement des paysans.

« Comment avez-vous acheté cette demeure ? » demanda le

1. Baratin.
2. Audacieux, aventureux.
3. Raide.

journaliste. Et le romancier raconta que, cherchant une
bicoque à louer pour un été, il avait trouvé la petite maison,
adossée à la nouvelle, qu'on voulait vendre quelques milliers de
francs, une bagatelle, presque rien. Il acheta séance tenante.

« Mais tout ce que vous avez ajouté a dû vous coûter cher
ensuite ? »

L'écrivain sourit : « Oui, pas mal ! »

Et les deux hommes s'en allèrent.

Le journaliste, tenant le bras de Patissot, philosophait, d'une
voix lente : « Tout général a son Waterloo, disait-il ; tout Balzac
a ses Jardies[1], et tout artiste habitant la campagne a son cœur
de propriétaire. »

Ils prirent le train à la station de Villennes, et, dans le wagon,
Patissot jetait tout haut les noms de l'illustre peintre et du
grand romancier, comme s'ils eussent été ses amis. Il s'efforçait
même de laisser croire qu'il avait déjeuné chez l'un et dîné chez
l'autre.

---

1. Nom de la propriété acquise en 1837 par Balzac (1799-1850), à Sèvres, et qu'il dut vendre en 1841.

BIEN LIRE

• **Quels points communs unissent Meissonier et Zola ?**

6
Avant la fête[1]

La fête approche et des frémissements courent déjà par les rues, ainsi qu'il en passe à la surface des flots lorsque se prépare une tempête. Les boutiques, pavoisées[2] de drapeaux, mettent sur leurs portes une gaieté de teinturerie, et les merciers trompent sur les trois couleurs comme les épiciers sur la chandelle. Les cœurs peu à peu s'exaltent ; on en parle après dîner sur le trottoir ; on a des idées qu'on échange :

« Quelle fête ce sera, mes amis, quelle fête !

– Vous ne savez pas ? tous les souverains viendront incognito, en bourgeois, pour voir ça.

– Il paraît que l'empereur de Russie[3] est arrivé ; il compte se promener partout avec le prince de Galles[4].

– Oh ! pour une fête, ce sera une fête ! »

Ce sera une fête ; ce que M. Patissot, bourgeois de Paris, appelle une fête : une de ces innombrables cohues qui, pendant quinze heures, roulent d'un bout à l'autre de la cité toutes les laideurs physiques chamarrées d'oripeaux[5], une houle de corps en transpiration où ballotteront, à côté de la lourde commère à rubans tricolores, engraissée derrière son comptoir et geignant d'essoufflement, l'employé rachitique remorquant sa femme et

---

1. Il s'agit de la première célébration républicaine du 14 juillet, institué fête nationale le 6 juillet 1880.
2. Ornées, décorées.
3. Le tsar Alexandre II.
4. Le futur Édouard VII.
5. Ornées de vêtements clinquants, voyants.

son mioche, l'ouvrier portant le sien à califourchon sur la tête, le provincial ahuri, à la physionomie de crétin stupéfait, le palefrenier rasé légèrement, encore parfumé d'écurie. Et les étrangers costumés en singes, des Anglaises pareilles à des girafes, et
25 le porteur d'eau débarbouillé, et la phalange[1] innombrable des petits bourgeois, rentiers inoffensifs que tout amuse. Ô bousculade, éreintement, sueurs et poussière, vociférations, remous de chair humaine, extermination des cors aux pieds, ahurissement de toute pensée, senteurs affreuses, remuements inutiles,
30 haleines des multitudes, brises à l'ail, donnez à M. Patissot toute la joie que peut contenir son cœur !

Il a fait ses préparatifs après avoir lu sur les murs de son arrondissement la proclamation du maire.

Elle disait, cette prose : « C'est principalement sur la fête par-
35 ticulière que j'appelle votre attention. Pavoisez vos demeures, illuminez vos fenêtres. Réunissez-vous, cotisez-vous, pour donner à vos maisons, à votre rue, une physionomie plus brillante, plus artistique que celle des maisons et des rues voisines[2]. »

Alors M. Patissot chercha laborieusement quelle physiono-
40 mie artistique il pourrait donner à son logis.

Un grave obstacle se présentait. Son unique fenêtre donnait sur une cour, une cour obscure, étroite, profonde, où les rats seuls eussent pu voir ses trois lanternes vénitiennes.

Il lui fallait une ouverture publique. Il la trouva. Au premier

---

1. Dans la Grèce antique, régiment militaire.
2. Selon Louis Forestier, de semblables appels ont bel et bien été placardés dans toute la ville.

étage de sa maison habitait un riche particulier, noble et royaliste, dont le cocher, réactionnaire aussi, occupait, au sixième, une mansarde sur la rue. M. Patissot supposa que, en y mettant le prix, toute conscience peut être achetée, et il proposa cent sous à ce citoyen du fouet, pour lui céder son logis de midi jusqu'à minuit. L'offre aussitôt fut acceptée.

Alors il s'inquiéta de la décoration.

Trois drapeaux, quatre lanternes, était-ce assez pour donner à cette tabatière[1] une physionomie artistique ?... pour exprimer toute l'exaltation de son âme ?... Non assurément ! Mais, malgré de longues recherches et des méditations nocturnes, M. Patissot n'imagina rien autre chose[2]. Il consulta ses voisins, qui s'étonnèrent de sa question ; il interrogea ses collègues... Tout le monde avait acheté des lanternes et des drapeaux, en y joignant, pour le jour, des décorations tricolores.

Alors il se mit à la recherche d'une idée originale. Il fréquenta les cafés, abordant les consommateurs ; ils manquaient d'imagination. Puis, un matin, il monta sur l'impériale d'un omnibus. Un monsieur d'aspect vénérable fumait un cigare à son côté ; un ouvrier, plus loin, grillait sa pipe renversée ; deux voyous blaguaient près du cocher ; et des employés de tout ordre allaient à leurs affaires moyennant trois sous.

Devant les boutiques, des gerbes de drapeaux resplendissaient sous le soleil levant. Patissot se tourna vers son voisin.

---

1. Lucarne.
2. Rien d'autre.

« Ce sera une belle fête », dit-il.

Le monsieur lui jeta un regard de travers, et, d'un air rogue[1] :

« C'est ça qui m'est égal !

– Vous n'y prendrez pas part ? » demanda l'employé stupéfait.

L'autre remua dédaigneusement la tête et déclara :

« Ils me font pitié avec leur fête ! De quoi la fête ?... Est-ce du gouvernement ?... Je ne le connais pas, le gouvernement, moi, Monsieur ! »

Mais Patissot, employé du gouvernement lui-même, le prit de haut, et, d'une voix ferme :

« Le gouvernement, Monsieur, c'est la République. »

Son voisin ne fut pas démonté, et, mettant tranquillement ses mains dans ses poches :

« Eh bien, après ?... Je ne m'y oppose pas. La République ou autre chose, je m'en fiche. Ce que je veux, moi, Monsieur, je veux connaître mon gouvernement. J'ai vu Charles X et je m'y suis rallié, Monsieur ; j'ai vu Louis-Philippe, et je m'y suis rallié, Monsieur ; j'ai vu Napoléon, et je m'y suis rallié ; mais je n'ai jamais vu la République. »

Patissot, toujours grave, répliqua :

« Elle est représentée par son Président[2]. »

L'autre grogna :

« Eh bien, qu'on me le montre. »

Patissot haussa les épaules.

---

1. Arrogant, méprisant.
2. Jules Grévy (1807-1891).

« Tout le monde peut le voir ; il n'est pas dans une armoire. »

Mais tout à coup le gros monsieur s'emporta.

« Pardon, Monsieur, on ne peut pas le voir. J'ai essayé plus de cent fois, moi, Monsieur. Je me suis embusqué auprès de l'Élysée[1] : il n'est pas sorti. Un passant m'a affirmé qu'il jouait au billard, au café en face ; j'ai été au café en face : il n'y était pas. On m'avait promis qu'il irait à Melun pour le concours : je me suis rendu à Melun, et je ne l'ai pas vu. Je suis fatigué, à la fin. Je n'ai pas vu non plus M. Gambetta[2], et je ne connais pas même un député. »

Il s'animait.

« Un gouvernement, Monsieur, ça doit se montrer ; c'est fait pour ça, pas pour autre chose. Il faut qu'on sache : tel jour, à telle heure, le gouvernement passera par telle rue. De cette façon on y va et on est satisfait. »

Patissot, calmé, goûtait ces raisons.

« Il est vrai, dit-il, qu'on aimerait bien connaître ceux qui vous gouvernent. »

Le monsieur prit un ton plus doux :

« Savez-vous comment je la comprendrais, moi, la fête ?... Eh bien, Monsieur, je ferais un cortège avec des chars dorés, comme les voitures du sacre des rois ; et je promènerais dedans les membres du gouvernement, depuis le Président jusqu'aux députés, à travers Paris, toute la journée. Comme ça, au moins, chacun connaîtrait la personne de l'État. »

Mais un des voyous, près du cocher, se retourna :

---

1. Depuis 1873, il s'agit de la résidence du président de la République française.
2. Léon Gambetta (1838-1882), alors président de la Chambre.

« Et le bœuf gras, oùsqu'on le mettrait ? » dit-il.

120   Un rire courut sur les deux banquettes. Patissot comprit l'objection et murmura :

« Ça ne serait peut-être pas digne. »

Le monsieur, après avoir réfléchi, le reconnut.

« Alors, dit-il, je les mettrais en vue quelque part, afin qu'on
125 puisse les regarder tous sans se déranger ; sur l'arc de triomphe de l'Étoile, par exemple, et je ferais défiler devant toute la population. Ça aurait un grand caractère. »

Mais le voyou, encore une fois, se retourna :

« Faudrait des télescopes pour voir leurs balles[1]. »

130   Le monsieur ne répondit pas ; il continua :

« C'est comme la distribution des drapeaux ! Il faudrait un prétexte, organiser quelque chose, une petite guerre ; et on remettrait ensuite les étendards aux troupes comme récompense. Moi, j'avais une idée, que j'ai écrite au ministre ; mais il
135 n'a point daigné me répondre. Puisqu'on a choisi la date de la prise de la Bastille, il fallait organiser le simulacre de cet événement : on aurait fait une bastille en carton, brossée par un décorateur de théâtre, et cachant dans ses murailles toute la colonne de Juillet[2]. Alors, Monsieur, la troupe aurait donné l'assaut ; ça
140 aurait été un beau spectacle et un enseignement en même temps de voir l'armée renverser elle-même les remparts de la tyrannie. Puis on l'aurait incendiée, cette Bastille ; et au milieu

---

1. En argot, têtes ridicules.
2. Destinée à commémorer la révolution de Juillet 1830, qui entraîna la chute de la branche aînée des Bourbons ; cette colonne a été dressée en 1833 sur la place de la Bastille.

des flammes serait apparue la colonne avec le génie de la Liberté, symbole d'un ordre nouveau et de l'affranchissement des peuples. »

Tout le monde, cette fois, l'écoutait sur l'impériale, trouvant son idée excellente. Un vieillard affirma :

« C'est une grande pensée, Monsieur, et qui vous fait honneur. Il est regrettable que le gouvernement ne l'ait pas adoptée. »

Un jeune homme déclara qu'on devrait faire réciter, dans les rues, les *Ïambes* de Barbier[1], par des acteurs, pour apprendre simultanément au peuple l'art et la liberté.

Ces propos excitaient l'enthousiasme. Chacun voulait parler ; les cervelles s'exaltaient. Un orgue de Barbarie, en passant, jeta une phrase de *La Marseillaise*[2] ; l'ouvrier entonna les paroles, et tout le monde, en chœur, hurla le refrain. L'allure exaltée du chant et son rythme enragé allumèrent le cocher dont les chevaux fouaillés[3] galopaient. M. Patissot braillait à pleine gorge en se tapant sur les cuisses, et les voyageurs du dedans, épouvantés, se demandaient quel ouragan avait éclaté sur leurs têtes.

On s'arrêta enfin, et M. Patissot, jugeant son voisin homme d'initiative, le consulta sur les préparatifs qu'il comptait faire :

« Des lampions et des drapeaux, c'est très bien, disait-il ; mais je voudrais quelque chose de mieux. »

---

1. Poète français, Auguste Barbier (1805-1882) reste essentiellement l'auteur des *Ïambes* (1830-1831), recueil de satires.
2. Chant patriotique composé par Rouget de Lisle à la fin du XVIIIe siècle, *La Marseillaise* devient hymne national en 1795 jusqu'au Ier Empire, puis à nouveau à partir de février 1879.
3. Fouettés.

L'autre réfléchit longtemps, mais ne trouva rien. Alors M. Patissot, en désespoir de cause, acheta trois drapeaux avec quatre lanternes.

BIEN LIRE

• **Quel rôle attribuez-vous à la dernière phrase (p. 60) ?**

7
Une triste histoire

Pour se reposer des fatigues de la fête, M. Patissot conçut le projet de passer tranquillement le dimanche suivant assis quelque part en face de la nature.

Voulant avoir un large horizon, il choisit la terrasse de Saint-Germain. Il se mit en route seulement après son déjeuner, et, lorsqu'il eut visité le musée préhistorique pour l'acquit de sa conscience, car il n'y comprit rien du tout, il resta frappé d'admiration devant cette promenade démesurée d'où l'on découvre au loin Paris, toute la région environnante, toutes les plaines, tous les villages, des bois, des étangs, des villes même, et ce grand serpent bleuâtre aux ondulations sans nombre, ce fleuve adorable et doux qui passe au cœur de la France : LA SEINE.

Dans des lointains que des vapeurs légères bleuissaient, à des distances incalculables, il distinguait de petits pays comme des taches blanches, au versant des coteaux verts. Et, songeant que là-bas, sur ces points presque invisibles, des hommes comme lui vivaient, souffraient, travaillaient, il réfléchit pour la première fois à la petitesse du monde. Il se dit que, dans les espaces, d'autres points plus imperceptibles encore, des univers plus grands que le nôtre cependant, devaient porter des races peut-être plus parfaites ! Mais un vertige le prit devant l'étendue, et il cessa de penser à ces choses qui lui troublaient la tête.

Alors il suivit la terrasse à petits pas, dans toute sa largeur, un
25 peu alangui, comme courbaturé par des réflexions trop lourdes.

Alors qu'il fut au bout, il s'assit sur un banc. Un monsieur s'y
trouvait déjà, les deux mains croisées sur sa canne et le menton
sur ses mains, dans l'attitude d'une méditation profonde. Mais
Patissot appartenait à la race de ceux qui ne peuvent passer trois
30 secondes à côté de leur semblable sans lui adresser la parole. Il
contempla d'abord son voisin, toussota, puis tout à coup :

« Pourriez-vous, Monsieur, me dire le nom du village que
j'aperçois là-bas ? »

Le monsieur releva la tête et, d'une voix triste :

35 « C'est Sartrouville. »

Puis il se tut. Alors Patissot, contemplant l'immense perspective de la terrasse ombragée d'arbres séculaires[1], sentant en
ses poumons le grand souffle de la forêt qui bruissait derrière
lui, rajeuni par les effluves[2] printaniers des bois et des larges
40 campagnes, eut un petit rire saccadé et, l'œil vif :

« Voici de beaux ombrages pour des amoureux. »

Son voisin se tourna vers lui avec un air désespéré :

« Si j'étais amoureux, Monsieur, je me jetterais dans la
rivière. »

45 Patissot, ne partageant point cet avis, protesta :

« Hé, hé ! vous en parlez à votre aise ; et pourquoi ça ?

– Parce que cela m'a déjà coûté trop cher pour
recommencer. »

---

1. Centenaires.
2. Parfums, exhalaisons.

L'employé fit une grimace de joie en répondant :

« Tiens ! si vous avez fait des folies, ça coûte toujours cher. »

Mais l'autre soupira avec mélancolie.

« Non, Monsieur, je n'en ai pas fait ; j'ai été desservi par les événements, voilà tout. »

Patissot, qui flairait une bonne histoire, continua :

« Nous ne pouvons pourtant pas vivre comme les curés ; ça n'est pas dans la nature. »

Alors le bonhomme leva les yeux au ciel lamentablement.

« C'est vrai, Monsieur ; mais, si les prêtres étaient des hommes comme les autres, mes malheurs ne seraient pas arrivés. Je suis ennemi du célibat ecclésiastique, moi, Monsieur, et j'ai mes raisons pour ça. »

Patissot, vivement intéressé, insista :

« Serait-il indiscret de vous demander ?...

– Mon Dieu ! non. Voici mon histoire : je suis normand, Monsieur. Mon père était meunier à Darnétal, près de Rouen ; et, quand il est mort, nous sommes restés, tout enfants, mon frère et moi, à la charge de notre oncle, un bon gros curé cauchois[1]. Il nous éleva, Monsieur, fit notre éducation, puis nous envoya tous les deux à Paris chercher une situation convenable.

Mon frère avait vingt et un ans, et moi j'en prenais vingt-deux. Nous nous étions installés par économie dans le même logement, et nous y vivions tranquilles, lorsqu'advint l'aventure que je vais vous raconter.

---

1. Originaire du pays de Caux, en Normandie.

Un soir, comme je rentrais chez moi, je fis la rencontre, sur le
75 trottoir, d'une jeune dame qui me plut beaucoup. Elle répondait
à mes goûts : un peu forte, Monsieur, et l'air bon enfant. Je
n'osai pas lui parler, bien entendu, mais je lui adressai un regard
significatif. Le lendemain, je la retrouvai à la même place ; alors,
comme j'étais timide, je fis un salut seulement ; elle y répondit
80 par un petit sourire ; et, le jour d'après, je l'abordai.

Elle s'appelait Victorine, et elle travaillait à la couture dans
un magasin de confections. Je sentis bien tout de suite que mon
cœur était pris.

Je lui dis : "Mademoiselle, il me semble que je ne pourrai
85 plus vivre loin de vous." Elle baissa les yeux sans répondre ;
alors je lui saisis la main, et je sentis qu'elle serrait la mienne.
J'étais pincé, Monsieur ; mais je ne savais comment m'y
prendre, à cause de mon frère. Ma foi, je me décidais à tout lui
dire, quand il ouvrit la bouche le premier. Il était amoureux de
90 son côté. Alors il fut convenu qu'on prendrait un autre logement, mais qu'on ne soufflerait mot à notre oncle, qui adresse-
rait toujours ses lettres à mon domicile. Ainsi fut fait ; et, huit
jours plus tard, Victorine pendait la crémaillère chez moi. On
y fit un petit dîner où mon frère amena sa connaissance, et, le
95 soir, quand mon amie eut tout rangé, nous prîmes définitive-
ment possession de notre logis...

Nous dormions peut-être depuis une heure, quand un violent coup de sonnette m'éveilla. Je regarde la pendule : trois
heures du matin. Je passe une culotte, et je me précipite vers la
100 porte, en me disant : "C'est un malheur, bien sûr..." C'était

mon oncle, Monsieur... Il avait sa douillette[1] de voyage, et sa valise à la main :

"Oui, c'est moi, mon garçon ; je viens te surprendre, et passer quelques jours à Paris. Monseigneur m'a donné congé."

Il m'embrasse sur les deux joues, entre, ferme la porte. J'étais plus mort que vif, Monsieur. Mais comme il allait pénétrer dans ma chambre, je lui sautai presque au collet :

"Non, pas par là, mon oncle ; par ici, par ici."

Et je le fis entrer dans la salle à manger. Voyez-vous ma situation ? que faire ?... Il me dit :

"Et ton frère ? il dort ? Va donc l'éveiller."

Je balbutiai :

"Non, mon oncle, il a été obligé de passer la nuit au magasin pour une commande urgente."

Mon oncle se frotta les mains :

"Alors, ça va, la besogne ?"

Mais une idée me venait.

"Vous devez avoir faim, mon oncle, après ce voyage ?

– Ma foi ! c'est vrai, je casserais bien une petite croûte."

Je me précipite sur l'armoire (j'avais les restes du dîner), et c'était une rude fourchette que mon oncle, un vrai curé normand capable de manger douze heures de suite. Je sors un morceau de bœuf pour faire durer le temps, car je savais bien qu'il ne l'aimait pas ; puis, lorsqu'il en eut suffisamment mangé, j'apportai les restes d'un poulet, un pâté presque tout entier,

---

1. Manteau ouaté.

une salade de pommes de terre, trois pots de crème, et du vin fin que j'avais mis de côté pour le lendemain. Ah ! Monsieur, il faillit tomber à la renverse :

"Nom d'un petit bonhomme ! Quel garde-manger !..."

130   Et je le bourre, Monsieur, je le bourre ! Il ne résistait pas, d'ailleurs (on disait dans le pays, qu'il aurait avalé un troupeau de bœufs).

Lorsqu'il eut tout dévoré, il était cinq heures du matin ! Je me sentais sur des charbons ardents. Je traînai encore une heure 135   avec le café et toutes les rincettes[1] ; mais il se leva, à la fin.

"Voyons ton logement", dit-il.

J'étais perdu, et je le suivis en songeant à me jeter par la fenêtre... En entrant dans la chambre, prêt à m'évanouir, attendant néanmoins je ne sais quel hasard, une suprême espérance 140   me fit bondir le cœur. La brave fille avait fermé les rideaux du lit ! Ah ! s'il pouvait ne pas les ouvrir ? Hélas ! Monsieur, il s'en approche tout de suite, sa bougie à la main, et d'un seul coup il les relève... Il faisait chaud : nous avions retiré les couvertures, et il ne restait que le drap, qu'elle tenait fermé sur sa tête ; mais 145   on voyait, Monsieur, on voyait des contours. Je tremblais de tous mes membres, avec la gorge serrée, suffoquant. Alors, mon oncle se tourna vers moi, riant jusqu'aux oreilles ; si bien que je faillis sauter au plafond, de stupéfaction.

"Ah ! ah ! mon farceur, dit-il, tu n'as pas voulu réveiller ton 150   frère ; eh bien, tu vas voir comment je le réveille, moi."

---

1. Eaux-de-vie qu'on boit après le café.

Et je vis sa grosse main de paysan qui se levait ; et, pendant qu'il étouffait de rire, elle retomba comme le tonnerre sur... sur les contours qu'on voyait, Monsieur.

Il y eut un cri terrible dans le lit ; et puis comme une tempête sous le drap ! Ça remuait, ça remuait ; elle ne pouvait plus se dégager. Enfin, elle apparut presque tout entière d'un seul coup, avec des yeux comme des lanternes ; et elle regardait mon oncle qui s'éloignait à reculons, la bouche ouverte, et soufflant, Monsieur, comme s'il allait se trouver mal !

Alors je perdis tout à fait la tête, et je m'enfuis... J'errai pendant six jours, Monsieur, n'osant pas rentrer chez moi. Enfin, quand je m'enhardis à revenir, il n'y avait plus personne... »

Patissot, qu'un grand rire secouait, lâcha un : « Je le crois bien ! » qui fit taire son voisin.

Mais, au bout d'une seconde, le bonhomme reprit :

« Je n'ai jamais revu mon oncle, qui m'a déshérité, persuadé que je profitais des absences de mon frère pour exécuter mes farces. Je n'ai jamais revu Victorine. Toute ma famille m'a tourné le dos ; et mon frère lui-même, qui a profité de la situation, puisqu'il a touché cent mille francs à la mort de mon oncle, semble me considérer comme un vieux libertin[1]. Et cependant, Monsieur, je vous jure que, depuis ce moment, jamais... jamais... jamais !... Il y a, voyez-vous, des minutes qu'on n'oublie pas.

---

1. Individu qui s'adonne sans retenue aux plaisirs de la chair.

175   — Et qu'est-ce que vous faites ici ? » demanda Patissot.

L'autre, d'un large coup d'œil, parcourut l'horizon, comme s'il eût craint d'être entendu par quelque oreille inconnue ; puis il murmura, avec une terreur dans la voix :

« Je fuis les femmes, Monsieur ! »

BIEN LIRE

• **Justifiez le titre de ce chapitre : qui est enclin à la tristesse ? Pourquoi ?**

8
Essai d'amour

Beaucoup de poètes pensent que la nature n'est pas complète sans la femme, et de là viennent sans doute toutes les comparaisons fleuries qui, dans leurs chants, font tour à tour de notre compagne naturelle une rose, une violette, une tulipe, etc., etc. Le besoin d'attendrissement qui nous prend à l'heure du crépuscule, quand la brume des soirs commence à flotter sur les coteaux, et quand toutes les senteurs de la terre nous grisent, s'épanche[1] imparfaitement en des invocations lyriques ; et M. Patissot, comme les autres, fut pris d'une rage de tendresse, de doux baisers rendus le long des sentiers où coule du soleil, de mains pressées, de tailles rondes ployant sous son étreinte.

Il commençait à entrevoir l'amour comme une délectation sans bornes, et, dans ses heures de rêveries, il remerciait le grand Inconnu[2] d'avoir mis tant de charme aux caresses des hommes. Mais il lui fallait une compagne, et il ne savait où la rencontrer. Sur le conseil d'un ami, il se rendit aux Folies-Bergère[3]. Il en vit là un assortiment complet ; or, il se trouva fort perplexe pour décider entre elles, car les désirs de son cœur étaient faits surtout d'élans poétiques, et la poésie ne paraissait pas être le fort des demoiselles aux yeux charbonnés qui lui jetaient de troublants sourires avec l'émail de leurs fausses dents.

---

1. Se répand, se confie.
2. Dieu.
3. Haut lieu de la nuit parisienne, devenu le port d'attache de nombreuses « femmes galantes » en quête de plaisirs tarifés.

Enfin, son choix s'arrête sur une jeune débutante qui paraissait pauvre et timide, et dont le regard triste semblait annoncer une nature assez facilement poétisable.

25 Il lui donna rendez-vous pour le lendemain neuf heures, à la gare Saint-Lazare.

Elle n'y vint pas, mais elle eut la délicatesse d'envoyer une amie à sa place.

C'était une grande fille rousse, habillée patriotiquement en
30 trois couleurs et couverte d'un immense chapeau-tunnel[1] dont sa tête occupait le centre. M. Patissot, un peu désappointé, accepta tout de même ce remplaçant. Et l'on partit pour Maisons-Laffitte, où étaient annoncées des régates et une grande fête vénitienne.

35 Aussitôt qu'on fut dans le wagon, occupé déjà par deux messieurs décorés, et trois dames qui devaient être au moins des marquises, tant elles montraient de dignité, la grande rousse, qui répondait au nom d'Octavie, annonça à Patissot, avec une voix de perruche, qu'elle était très bonne fille, aimant à rigoler et ado-
40 rant la campagne, parce qu'on y cueille des fleurs et qu'on y mange de la friture : et elle riait d'un rire aigu à casser les vitres, appelant familièrement son compagnon : « Mon gros loup. »

Une honte envahissait Patissot, à qui son titre d'employé du gouvernement imposait certaines réserves. Mais Octavie se tut,
45 regardant de côté ses voisines, prise du désir immodéré qui hante toutes les filles[2] de faire connaissance avec des femmes

---

1. Coiffure féminine à la mode.
2. Demoiselles de petite vertu, cocottes.

honnêtes. Au bout de cinq minutes, elle crut avoir trouvé un joint[1], et, tirant de sa poche le *Gil-Blas*[2], elle l'offrit poliment à l'une des dames, stupéfaite, qui refusa d'un signe de tête. Alors, la grande rousse, blessée, lâcha des mots à double sens, parlant des femmes qui *font leur poire*, sans valoir mieux que les autres ; et, quelquefois même, elle jetait un gros mot qui faisait un effet de pétard ratant au milieu de la dignité glaciale des voyageurs.

Enfin on arriva. Patissot voulut tout de suite gagner les coins ombreux du parc, espérant que la mélancolie des bois apaiserait l'humeur irritée de sa compagne. Mais un autre effet se produisit. Aussitôt qu'elle fut dans les feuilles et qu'elle aperçut de l'herbe, elle se mit à chanter à tue-tête des morceaux d'opéra traînant dans sa mémoire de linotte, faisant des roulades, passant de *Robert le Diable* à la *Muette*[3], affectionnant surtout une poésie sentimentale dont elle roucoulait les derniers vers avec des sons perçants comme des vrilles[4].

Puis, tout à coup, elle eut faim et voulut rentrer. Patissot, qui toujours attendait l'attendrissement espéré, essayait en vain de la retenir. Alors elle se fâcha.

« Je ne suis pas ici pour m'embêter, n'est-ce pas ? »

Et il fallut gagner le restaurant du *Petit-Havre*[5], tout près de l'endroit où devaient avoir lieu les régates.

---

1. Procédé pour lier connaissance.
2. Quotidien auquel Maupassant collaborera régulièrement à partir de 1881, et qui ouvrait largement ses colonnes aux auteurs de contes licencieux.
3. Deux partitions très populaires, composées par Scribe respectivement en 1831 et 1828.
4. Spirales, hélices.
5. Lieu-dit, en bord de Seine, près de Maisons-Laffitte.

Elle commanda un déjeuner à n'en plus finir, une succession
70 de plats comme pour nourrir un régiment. Puis, ne pouvant
attendre, elle réclama des hors-d'œuvre. Une boîte de sardines
apparut ; elle se jeta dessus à croire que le fer-blanc de la boîte
lui-même y passerait ; mais, quand elle eut mangé deux ou trois
des petits poissons huileux, elle déclara qu'elle n'avait plus faim
75 et voulut aller voir les préparatifs des courses.

Patissot, désespéré et pris de fringale à son tour, refusa absolument de se lever. Elle partit seule, promettant de revenir pour
le dessert ; et il commença à manger, silencieux et solitaire, ne
sachant comment amener cette nature rebelle à la réalisation de
80 son rêve.

Comme elle ne revenait pas, il se mit à sa recherche.

Elle avait retrouvé des amis, une bande de canotiers presque
nus, rouges jusqu'aux oreilles et gesticulant, qui, devant la maison du constructeur Fournaise[1], réglaient en vociférant tous des
85 détails du concours.

Deux messieurs d'aspect respectable, des juges sans doute, les
écoutaient attentivement. Aussitôt qu'elle aperçut Patissot,
Octavie, pendue au bras noir d'un grand diable possédant assurément plus de biceps que de cervelle, lui jeta quelques mots
90 dans l'oreille. L'autre répondit :

« C'est entendu. »

Et elle revint à l'employé toute joyeuse, le regard vif, presque
caressante.

---

1. Célèbre fournisseur de barques et de yoles.

« Je veux faire un tour en bateau », dit-elle.

Heureux de la voir si charmante, il consentit à ce nouveau désir et se procura une embarcation.

Mais elle refusa obstinément d'assister aux régates, malgré l'envie de Patissot.

« J'aime mieux être seule avec toi, mon loup. »

Un frisson lui secoua le cœur... Enfin !...

Il retira sa redingote et se mit à ramer avec furie.

Un vieux moulin monumental, dont les roues vermoulues[1] pendaient au-dessus de l'eau, enjambait avec ses deux arches un tout petit bras du fleuve. Ils passèrent dessous lentement, et, quand ils furent de l'autre côté, ils aperçurent devant eux un bout de rivière adorable, ombragé par de grands arbres, qui formaient au-dessus une sorte de voûte. Le petit bras se déroulait, tournait, zigzaguait à gauche, à droite, découvrant sans cesse des horizons nouveaux, de larges prairies d'un côté, et, de l'autre, une colline toute peuplée de chalets. On passa devant un établissement de bains presque enseveli dans la verdure, un coin charmant et champêtre, où des messieurs en gants frais, auprès de dames enguirlandées[2], mettaient toute la gaucherie ridicule des élégants à la campagne.

Elle poussa un cri de joie.

« Nous nous baignerons là, tantôt ! »

Puis, plus loin, dans une sorte de baie, elle voulut s'arrêter :

---

1. Rongées par les vers.
2. Littéralement « ornées de guirlandes ».

« Viens ici, mon gros, tout près de moi. »

Elle lui passa les bras au cou et, la tête appuyée sur l'épaule
120 de Patissot, elle murmura :

« Comme on est bien ! comme il fait bon sur l'eau ! »

Patissot, en effet, nageait dans le bonheur ; et il pensait à ces
canotiers stupides, qui, sans jamais sentir le charme pénétrant
des berges et la grâce frêle des roseaux, vont toujours, essoufflés,
125 suants et abrutis d'exercice, du caboulot[1] où l'on déjeune au
caboulot où l'on dîne.

Mais, à force d'être bien, il s'endormit.

Quand il se réveilla... il était seul. Il appela d'abord ; personne ne répondit. Inquiet, il monta sur la rive, craignant déjà
130 qu'un malheur ne fût arrivé.

Alors, tout là-bas, et venant vers lui, il vit une yole mince et
longue que quatre rameurs pareils à des nègres faisaient filer,
ainsi qu'une flèche. Elle approchait, courant sur l'eau : une
femme tenait la barre... Ciel !... on dirait... C'était elle !... Pour
135 régler le rythme des rames, elle chantait de sa voix coupante
une chanson de canotiers qu'elle interrompit un instant quand
elle fut devant Patissot. Alors, envoyant un baiser des doigts,
elle lui cria :

« Gros serin, va ! »

---

1. Cabaret mal famé.

BIEN LIRE

• **Pourquoi M. Patissot se met-il
soudain en quête d'une compagne, à
52 ans ?**

9
Un dîner et quelques idées

À l'occasion de la fête nationale, M. Perdrix (Antoine), chef de bureau de M. Patissot, fut nommé chevalier de la Légion d'honneur. Il comptait trente ans de services sous les régimes précédents, et dix années de ralliement au gouvernement actuel. Ses employés, quoique murmurant un peu d'être ainsi récompensés en la personne de leur chef, jugèrent bon de lui offrir une croix enrichie de faux diamants ; et le nouveau chevalier, ne voulant pas rester en arrière, les invita tous à dîner pour le dimanche suivant, dans sa propriété d'Asnières.

La maison, enluminée d'ornements mauresques[1], avait un aspect de café-concert, mais sa situation lui donnait de la valeur, car la ligne du chemin de fer, coupant le jardin dans toute sa largeur, passait à 20 mètres du perron. Sur le rond de gazon obligatoire, un bassin en ciment romain contenait des poissons rouges, et un jet d'eau, en tout semblable à une seringue, lançait parfois en l'air des arcs-en-ciel microscopiques dont s'émerveillaient les visiteurs.

L'alimentation de cet irrigateur faisait la constante préoccupation de M. Perdrix qui se levait parfois dès cinq heures du matin afin d'emplir le réservoir. Il pompait alors avec acharnement, en manches de chemise, son gros ventre débordant de la culotte, afin d'avoir, à son retour du bureau, la satisfaction de

---

1. Arabes.

lâcher les grandes eaux, et de se figurer qu'une fraîcheur s'en répandait dans le jardin.

25 Le soir du dîner officiel, tous les invités, l'un après l'autre, s'extasièrent sur la situation du domaine, et chaque fois qu'on entendait, au loin, venir un train, M. Perdrix leur annonçait sa destination : Saint-Germain, Le Havre, Cherbourg ou Dieppe, et, par farce, on faisait des signes aux voyageurs penchés aux 30 portières.

Le bureau complet se trouvait là. C'était d'abord M. Capitaine, sous-chef ; M. Patissot, commis principal ; puis MM. de Sombreterre et Vallin, jeunes employés élégants qui ne venaient au bureau qu'à leurs heures ; enfin M. Rade, célèbre dans tout le 35 ministère par les doctrines insensées qu'il affichait, et l'expéditionnaire[1], M. Boivin.

M. Rade passait pour un type. Les uns le traitaient de *fantaisiste* ou d'*idéologue* ; les autres de *révolutionnaire* ; tout le monde s'accordait à dire que c'était un maladroit. Vieux déjà, 40 maigre et petit, avec un œil vif et de longs cheveux blancs, il avait professé toute sa vie le plus profond mépris pour la besogne administrative. Remueur de livres et grand liseur, d'une nature toujours révoltée contre tout, chercheur de vérité et contempteur[2] des préjugés courants, il avait une façon nette 45 et paradoxale d'exprimer ses opinions qui fermait la bouche aux imbéciles satisfaits et aux mécontents sans savoir pourquoi. On

1. Employé chargé d'expédier des copies d'actes.
2. Critique, dénigreur.

disait : « Ce vieux fou de Rade », ou bien : « Cet écervelé de Rade » ; et la lenteur de son avancement semblait donner raison contre lui aux médiocres parvenus. L'indépendance de sa parole faisait trembler bien souvent ses collègues, qui se demandaient avec terreur comment il avait pu conserver sa place. Aussitôt qu'on fut à table, M. Perdrix, dans un petit discours bien senti, remercia ses « collaborateurs », leur promit sa protection d'autant plus efficace que son autorité grandissait, et il termina par une péroraison émue où il remerciait et glorifiait le gouvernement libéral et juste, qui sait chercher le mérite parmi les humbles.

M. Capitaine, sous-chef, répondit au nom du bureau, félicita, congratula, salua, exalta, chanta les louanges de tous ; et des applaudissements frénétiques accueillirent ces deux morceaux d'éloquence. Après quoi l'on se mit sérieusement à manger.

Tout alla bien jusqu'au dessert, la misère des propos ne gênant personne. Mais, au café, une discussion s'élevant déchaîna tout à coup M. Rade, qui se mit à passer les bornes.

On parlait d'amour naturellement, et un souffle de chevalerie grisant cette salle de bureaucrates, on vantait avec exaltation la beauté supérieure de la femme, sa délicatesse d'âme, son aptitude aux choses exquises, la sûreté de son jugement et la finesse de ses sentiments. M. Rade se mit à protester, refusant avec énergie au sexe qualifié de « beau » toutes les qualités qu'on lui prêtait ; et, devant l'indignation générale, il cita des auteurs :

« Schopenhauer[1], Messieurs, Schopenhauer, un grand philosophe que l'Allemagne vénère. Voici ce qu'il dit : "Il a fallu que l'intelligence de l'homme fût bien obscurcie par l'amour pour qu'il

75   ait appelé beau ce sexe de petite taille, aux épaules étroites, aux larges hanches et aux jambes courbes. Toute sa beauté, en effet, réside dans l'instinct de l'amour. Au lieu de le nommer beau, il eût été plus juste de l'appeler l'*inesthétique*. Les femmes n'ont ni le sentiment ni l'intelligence de la musique, pas plus que de la poésie ou

80   des arts plastiques ; ce n'est chez elles que pure singerie, pur prétexte, pure affectation exploitée par leur désir de plaire."

– L'homme qui a dit ça est un imbécile », déclara M. de Sombreterre.

M. Rade, souriant, continua :

85   « Et Rousseau, Monsieur ? Voici son opinion : "Les femmes, en général, n'aiment aucun art, ne se connaissent à aucun, et n'ont aucun génie." »

M. de Sombreterre haussa dédaigneusement les épaules :

« Rousseau est aussi bête que l'autre, voilà tout. »

90   M. Rade souriait toujours :

« Et lord Byron, qui pourtant aimait les femmes, Monsieur, voici ce qu'il dit : "On devrait les bien nourrir et les bien vêtir, mais ne point les mêler à la société. Elles devraient aussi être instruites de la religion, mais ignorer la poésie et la politique,

95   ne lire que les livres de piété[2] bien et de cuisine." »

---

1. Philosophe allemand (1788-1860) dont la pensée a orienté la philosophie de Maupassant, notamment à travers ses *Pensées et Fragments*, dont est extrait le passage qui suit.
2. Dévotion.

M. Rade continua :

« Voyez, Messieurs, elles étudient toutes la peinture et la musique. Il n'y en a pas une cependant qui ait fait un bon tableau ou un opéra remarquable ! Pourquoi, messieurs ? Parce qu'elles sont le *sexus sequior*, le sexe second à tous égards, fait pour se tenir à l'écart et au second plan. »

M. Patissot se fâchait :

« Et Mme Sand[1], Monsieur ?

– Une exception, Monsieur, une exception. Je vous citerai encore un passage d'un autre grand philosophe, anglais celui-là : Herbert Spencer. Voici : "Chaque sexe est capable, sous l'influence de stimulants particuliers, de manifester des facultés ordinairement réservées à l'autre. Ainsi, pour prendre un cas extrême, une excitation spéciale peut faire donner du lait aux mamelles des hommes ; on a vu, pendant des famines des petits enfants privés de leur mère être sauvés de cette façon. Nous ne mettrons pourtant pas cette faculté d'avoir du lait au nombre des attributs du mâle. De même, l'intelligence féminine qui, dans certains cas, donnera des produits supérieurs, doit être négligée dans l'estimation de la nature féminine, en tant que facteur social..." »

M. Patissot, blessé dans tous ses instincts chevaleresques originels, déclara :

« Vous n'êtes pas français, Monsieur. La galanterie française est une des formes du patriotisme. »

---

1. George Sand (1804-1876).

M. Rade releva la balle.

« J'ai fort peu de patriotisme, Monsieur, le moins possible. »

Un froid se répandit, mais il continuait tranquillement :

« Admettez-vous avec moi que la guerre soit une chose mons-
125 trueuse ; que cette coutume d'égorgement des peuples constitue un état permanent de sauvagerie ; qu'il soit odieux, alors
que le seul bien réel est « *la vie* », de voir les gouvernements,
dont le devoir est de protéger l'existence de leurs sujets, chercher avec obstination des moyens de destruction ? Oui, n'est-ce
130 pas. Eh bien, si la guerre est une chose horrible, le patriotisme
ne serait-il pas l'idée mère qui l'entretient ? Quand un assassin
tue, il a une pensée, c'est de voler. Quand un brave homme, à
coups de baïonnette, crève un autre honnête homme, père de
famille ou grand artiste peut-être, à quelle pensée obéit-il ?... »
135 Tout le monde se sentait profondément blessé.

« Quand on pense des choses pareilles, on ne les dit pas en
société. »

M. Patissot reprit :

« Il y a pourtant, Monsieur, des principes que tous les hon-
140 nêtes gens reconnaissent. »

M. Rade demanda :

« Lesquels ? »

Alors, solennellement, M. Patissot prononça : « La morale,
Monsieur. »
145 M. Rade rayonnait, il s'écria :

« Un seul exemple, Messieurs, un tout petit exemple. Quelle
opinion avez-vous des messieurs à casquette de soie qui font sur

les boulevards extérieurs le joli métier que vous savez, et qui en vivent ? »

Une moue de dégoût parcourut la table :

« Eh bien ! Messieurs, il y a un siècle seulement, quand un élégant gentilhomme, très chatouilleux sur le point d'honneur, avait pour... amie... une "très belle et honneste dame de haute lignée", il était fort bien porté de vivre à ses dépens, Messieurs, et même de la ruiner tout à fait. On trouvait ce jeu-là charmant. Donc les principes de morale ne sont pas fixes... et alors... »

M. Perdrix, visiblement embarrassé, l'arrêta :

« Vous sapez[1] les bases de la société, monsieur Rade, il faut toujours avoir des *principes*. Ainsi, en politique, voici M. de Sombreterre qui est légitimiste, M. Vallin orléaniste, M. Patissot et moi républicains[2], nous avons des principes très différents, n'est-ce pas, et cependant nous nous entendons fort bien parce que nous en avons. »

Mais M. Rade s'écria :

« Moi aussi, j'en ai, Messieurs, j'en ai de très arrêtés. »

M. Patissot releva la tête, et, froidement :

« Je serais heureux de les connaître, Monsieur. »

M. Rade ne se fit pas prier :

« Les voici, Monsieur. »

---

1. Ébranlez, minez.
2. Les légitimistes sont des partisans de la branche aînée des Bourbons, détrônée en 1830 ; les orléanistes soutiennent la branche cadette des Bourbons, celle de la famille d'Orléans. Avec les républicains, les trois grandes tendances politiques de 1880 sont ainsi représentées par les employés.

1er principe. – Le gouvernement d'un seul est une monstruosité.
2e principe. – Le suffrage restreint est une injustice.
3e principe. – Le suffrage universel est une stupidité.

En effet, livrer des millions d'hommes, des intelligences
175 d'élite, des savants, des génies même, au caprice, au bon vouloir d'un être qui, dans un moment de gaieté, de folie, d'ivresse
ou d'amour, n'hésitera pas à tout sacrifier pour sa fantaisie exaltée, dépensera l'opulence[1] du pays péniblement amassée par
tous, fera hacher des milliers d'hommes sur les champs de
bataille, etc., etc., me paraît être, à moi, simple raisonneur, une
180 monstrueuse aberration.

Mais en admettant que le pays doive se gouverner lui-même,
exclure sous un prétexte toujours discutable une partie des
citoyens de l'administration des affaires est une injustice si fla-
grante, qu'il me semble inutile de la discuter davantage.

185 Reste le suffrage universel. Vous admettez bien avec moi que
les hommes de génie sont rares, n'est-ce pas ? Pour être large,
convenons qu'il y en ait cinq en France, en ce moment.
Ajoutons, toujours pour être large, deux cents hommes de
grand talent, mille autres possédant des talents divers, et dix
190 mille hommes supérieurs d'une façon quelconque. Voilà un
état-major de onze mille deux cent cinq esprits. Après quoi
vous avez l'armée des médiocres, que suit la multitude des

---

1. Richesse.

imbéciles. Comme les médiocres et les imbéciles forment toujours l'immense majorité, il est inadmissible qu'ils puissent élire un gouvernement intelligent.

Pour être juste, j'ajoute que logiquement le suffrage universel me semble le seul principe admissible, mais qu'il est inapplicable, voici pourquoi.

Faire concourir au gouvernement toutes les forces vives d'un pays, représenter tous les intérêts, tenir compte de tous les droits, est un rêve idéal, mais peu pratique, car la seule force que vous puissiez mesurer est justement celle qui devrait être la plus négligée, la force stupide, le nombre. D'après votre méthode, le nombre inintelligent prime le génie, le savoir, toutes les connaissances acquises, la richesse, l'industrie, etc., etc. Quand vous pourrez donner à un membre de l'Institut dix mille voix contre une au chiffonnier, cent voix au grand propriétaire contre dix voix à son fermier, vous aurez équilibré à peu près les forces et obtenu une représentation nationale qui vraiment représentera toutes les puissances de la nation. Mais je vous défie bien de faire ça.

Voici mes conclusions :

Autrefois, quand on ne pouvait exercer aucune profession, on se faisait photographe ; aujourd'hui on se fait député. Un pouvoir ainsi composé sera toujours lamentablement incapable ; mais incapable de faire du mal autant qu'incapable de faire du bien. Un tyran, au contraire, s'il est bête, peut faire beaucoup de mal et, s'il se rencontre intelligent (ce qui est infiniment rare), beaucoup de bien.

Entre ces formes de gouvernement, je ne me prononce pas ;
220 et je me déclare anarchiste, c'est-à-dire partisan du pouvoir le plus effacé, le plus insensible, le plus libéral au grand sens du mot, et révolutionnaire en même temps, c'est-à-dire l'ennemi éternel de ce même pouvoir qui ne peut être, de toute façon, qu'absolument défectueux. Voilà.

225 Des cris d'indignation s'élevèrent autour de la table, et tous, légitimiste, orléaniste, républicains par nécessité, se fâchèrent tout rouge. M. Patissot, particulièrement, suffoquait et, se tournant vers M. Rade :

« Alors, Monsieur, vous ne croyez à rien. »

L'autre répondit simplement :

230 « Non, Monsieur. »

La colère qui souleva tous les convives empêcha M. Rade de continuer, et M. Perdrix, redevenant chef, ferma la discussion.

« Assez, Messieurs, je vous en prie. Nous avons chacun notre opinion, n'est-ce pas, et nous ne sommes pas disposés à en
235 changer. »

On approuva cette parole juste. Mais M. Rade, toujours révolté, voulut avoir le dernier mot.

« J'ai pourtant une morale, dit-il, elle est bien simple et toujours applicable ; une phrase la formule, la voici : *Ne faites pas*
240 *à autrui ce que vous ne voudriez pas qu'on vous fît.* Je vous défie de la mettre en défaut, tandis qu'en trois arguments je me charge de démolir le plus sacré de vos principes. »

Cette fois on ne répondit pas. Mais comme on rentrait le soir deux par deux, chacun disait à son compagnon :

« Non, vraiment M. Rade va beaucoup trop loin. Il a un coup de marteau certainement. On devrait le nommer sous-chef à Charenton. »

BIEN LIRE
- En quoi M. Rade est-il bien un « type » (l. 37) ?
- L. 85-87 : la citation de Jean-Jacques Rousseau est extraite de sa *Lettre à d'Alembert*.
- L. 92-95 : la citation de lord Byron est extraite de ses *Lettres et journaux*.
- L. 106-116 : la citation de Herbert Spencer est extraite de son *Introduction à la science sociale*.

10
Séance publique[1]

Des deux côtés d'une porte au-dessus de laquelle le mot
« Bal » s'étalait en lettres voyantes, de larges affiches d'un rouge
violent annonçaient que, ce dimanche-là, ce lieu de plaisir
populaire recevait une autre destination.

5   M. Patissot, qui flânait comme un bon bourgeois, en digé-
rant son déjeuner, et se dirigeait tout doucement vers la gare,
s'arrêta, l'œil saisi par cette couleur écarlate, et il lut :

ASSOCIATION GÉNÉRALE INTERNATIONALE POUR
LA REVENDICATION DES DROITS DE LA FEMME

——————

10   COMITÉ CENTRAL SIÉGEANT À PARIS

——————

GRANDE SÉANCE PUBLIQUE

*Sous la présidence de la citoyenne libre penseuse Zoé Lamour et
de la citoyenne nihiliste[2] russe Eva Schourine, avec le concours
d'une délégation de citoyennes du cercle libre de la Pensée indépen-*
15 *dante, et d'un groupe de citoyens adhérents.*

---

1. De semblables réunions étaient monnaie courante en 1880.
2. Qui prône la recherche de la liberté totale de l'individu, hors de toute contrainte.

La citoyenne Césarine Brau et le citoyen Sapience Cornut,
retour d'exil, prendront la parole.

PRIX D'ENTRÉE : 1 FRANC.

Une vieille dame à lunettes, assise devant une table couverte d'un tapis, percevait l'argent. M. Patissot entra.

Dans la salle, déjà presque pleine, flottait cette odeur de chien mouillé, que dégagent toujours les jupes des vieilles filles, avec un reste de parfums suspects des bals publics.

M. Patissot, en cherchant bien, découvrit une place libre au second rang, à côté d'un vieux monsieur décoré et d'une petite femme vêtue en ouvrière, à l'œil exalté, ayant sur la joue une marbrure enflée.

Le bureau était au complet.

La citoyenne Zoé Lamour, une jolie brune replète[1], portant des fleurs rouges[2] dans ses cheveux noirs, partageait la présidence avec une petite blonde maigre, la citoyenne nihiliste russe Eva Schourine.

Juste au-dessous d'elles, l'illustre citoyenne Césarine Brau, surnommée le « Tombeur des hommes », belle fille aussi, était assise à côté du citoyen Sapience Cornut, retour d'exil. Celui-là, un vieux solide, à tous crins, d'aspect féroce, regardait la salle

1. Grassouillette.
2. Des œillets rouges, portés par les révolutionnaires.

comme un chat regarde une volière d'oiseaux, et ses poings fermés reposaient sur ses genoux.

À droite, une délégation d'antiques citoyennes sevrées[1]
d'époux, séchées dans le célibat, et exaspérées dans l'attente, faisait vis-à-vis à un groupe de citoyens réformateurs de l'humanité, qui n'avaient jamais coupé ni leur barbe ni leurs cheveux, pour indiquer sans doute l'infini de leurs aspirations.

Le public était mêlé.

Les femmes, en majorité, appartenaient à la caste des portières et des marchandes qui ferment boutique le dimanche. Partout le type de la vieille fille inconsolable (dit trumeau) réapparaissait entre les faces rouges des bourgeoises. Trois collégiens parlaient bas dans un coin, venus pour être au milieu des femmes. Quelques familles étaient entrées par curiosité. Mais au premier rang un nègre en coutil jaune, un nègre frisé, magnifique, regardait obstinément le bureau en riant de l'une à l'autre oreille, d'un rire muet, contenu, qui faisait étinceler ses dents blanches dans sa face noire. Il riait sans un mouvement du corps comme un homme ravi, transporté. Pourquoi était-il là ? Mystère. Avait-il cru entrer au spectacle ? Ou bien se disait-il dans sa boule crépue d'Africain : « Vrai, vrai, ils sont trop drôles, ces farceurs-là ; ce n'est pas sous l'équateur qu'on en trouverait de pareils. »

La citoyenne Zoé Lamour ouvrit la séance par un petit discours.

Elle rappela la servitude de la femme depuis les origines du

---

1. Privées.

monde ; son rôle obscur, toujours héroïque, son dévouement constant à toutes les grandes idées. Elle la compara au peuple d'autrefois, au peuple des rois et de l'aristocratie, l'appelant : « l'éternelle martyre » pour qui tout homme est un *maître* ; et, dans un grand mouvement lyrique, elle s'écria : « Le peuple a eu son 89 – ayons le nôtre ; l'homme opprimé a fait sa *Révolution* ; le captif a brisé sa chaîne ; l'esclave indigné s'est révolté. Femmes, imitons nos despotes[1]. Révoltons-nous ; brisons l'antique chaîne du mariage et de la servitude ; marchons à la conquête de nos droits ; faisons aussi notre révolution. »

Elle s'assit au milieu d'un tonnerre d'applaudissements ; et le Nègre, délirant de joie, se tapait le front contre ses genoux en poussant des cris aigus.

La citoyenne nihiliste russe Eva Schourine se leva, et, d'une voix perçante et féroce :

« Je suis russe, dit-elle. J'ai levé l'étendard de la révolte ; cette main a frappé les oppresseurs de ma patrie ; et, je le déclare à vous, femmes françaises qui m'écoutez, je suis prête, sous tous les soleils, dans toutes les parties de l'Univers, à frapper la tyrannie de l'homme, à venger partout la femme odieusement opprimée. »

Un grand tumulte d'approbation eut lieu, et le citoyen Sapience Cornut, lui-même, se levant, frotta galamment sa barbe jaune contre cette main vengeresse.

C'est alors que la cérémonie prit un caractère vraiment international. Les citoyennes déléguées par les puissances étrangères

---

1. Tyrans.

se levèrent l'une après l'autre, apportant l'adhésion de leurs patries. Une Allemande parla d'abord. Obèse, avec une végétation de filasse sur le crâne, elle bredouillait d'une voix pâteuse :

90   « Che feu tire toute la choie qu'on a ébrouvée dans la fieille Allemagne quand on a chu le grand moufement des femmes barisiennes. Nos boitrines (elle frappa la sienne, qui ne résista pas au choc), nos boitrines ont tréchailli, nos... nos... che ne barle pas très pien, mais nous chommes avec vous. »

95   Une Italienne, une Espagnole, une Suédoise en dirent autant en des langages inattendus ; et, pour finir, une Anglaise démesurée, dont les dents semblaient des instruments de jardinage, s'exprima en ces termes :

  « Je volé aussi apôté le participéchône de la libre Hangleterre
100 à la manifestéchône si... si... pittoresque de la populéchône féminine de France pour l'émancipéchône de cette pâtie féminine. Hip ! hip ! hurrah ! »

  Cette fois, le Nègre se mit à pousser de tels cris d'enthousiasme, avec des gestes de satisfaction si immodérés (jetant ses
105 jambes par-dessus le dossier des banquettes et se tapant les cuisses avec fureur), que deux commissaires de la séance furent obligés de le calmer.

  Le voisin de Patissot murmura :

  « Des hystériques ! toutes hystériques[1]. »

110   Patissot croyant qu'on lui parlait, se retourna :

---

1. Cet adjectif vient du grec *hustera*, « utérus ». Le terme s'applique d'abord exclusivement aux femmes, parce qu'on pensait que la maladie psychique qu'il désigne avait son siège dans l'utérus.

« Plaît-il ? »

Le monsieur s'excusa.

« Pardon, je ne vous parlais pas. Je disais seulement que toutes ces folles sont des hystériques ! »

M. Patissot, prodigieusement surpris, demanda :

« Vous les connaissez donc ?

– Un peu, Monsieur ! Zoé Lamour a fait son noviciat[1] pour être religieuse. Et d'une. Eva Schourine a été poursuivie comme incendiaire et reconnue folle. Et de deux. Césarine Brau est une simple intrigante qui veut faire parler d'elle. J'en aperçois trois autres là-bas qui ont passé dans mon service à l'hôpital de X... Quant à tous les vieux carcans[2] qui nous entourent, je n'ai pas besoin d'en parler. »

Mais des « chut ! » partaient de tous les côtés. Le citoyen Sapience Cornut, retour d'exil, se levait. Il roula d'abord des yeux terribles ; puis, d'une voix creuse qui semblait le mugissement du vent dans une caverne, il commença :

« Il est des mots grands comme des principes, lumineux comme des soleils, retentissants comme des coups de tonnerre : Liberté ! Égalité ! Fraternité ! Ce sont les bannières des peuples. Sous leurs plis, nous avons marché à l'assaut des tyrannies. À votre tour, ô femmes, de les brandir comme des armes pour marcher à la conquête de l'indépendance. Soyez libres, libres dans l'amour, dans la maison, dans la patrie. Devenez nos

---

1. Temps d'épreuve imposé à un novice avant d'être admis dans une congrégation religieuse.
2. Contraintes.

135 égales au foyer, nos égales dans la rue, nos égales surtout dans la politique et devant la loi. Fraternité ! Soyez nos sœurs, les confidentes de nos projets grandioses, nos compagnes vaillantes. Soyez, devenez véritablement une moitié de l'humanité au lieu de n'en être qu'une parcelle. »

140   Et il se lança dans la politique transcendante[1], développant des projets larges comme le monde, parlant de l'âme des sociétés, prédisant la République universelle édifiée sur ces trois bases inébranlables : la liberté, l'égalité, la fraternité.

Quand il se tut, la salle faillit crouler sous les bravos.

145 M. Patissot, stupéfait, se tourna vers son voisin.

« N'est-il pas un peu fou ? »

Le vieux monsieur répondit :

« Non, Monsieur ; ils sont des millions comme ça. C'est un effet de l'instruction[2]. »

150 Patissot ne comprenait pas.

« De l'instruction ?

– Oui ; maintenant qu'ils savent lire et écrire, la bêtise latente[3] se dégage.

– Alors, Monsieur, vous croyez que l'instruction... ?

155 – Pardon, Monsieur, je suis un libéral, moi. Voici seulement ce que je veux dire : Vous avez une montre, n'est-ce pas ? Eh bien, cassez un ressort, et allez la porter à ce citoyen Cornut en le priant de la raccommoder. Il vous répondra, en jurant, qu'il

---

1. Supérieure ; qui dépasse toutes les catégories pour atteindre à l'universel.
2. L'instruction primaire est rendue obligatoire en 1880.
3. Cachée, secrète.

n'est pas horloger. Mais, si quelque chose se trouve détraqué dans cette machine infiniment compliquée qui s'appelle la France, il se croit le plus capable des hommes pour la réparer séance tenante. Et quarante mille braillards de son espèce en pensent autant et le proclament sans cesse. Je dis, Monsieur, que nous manquons jusqu'ici de classes dirigeantes nouvelles, c'est-à-dire d'hommes nés de pères ayant manié le pouvoir, élevés dans cette idée, instruits spécialement pour cela comme on instruit spécialement les jeunes gens qui se destinent à la Polytechnique. »

Des « chut ! » nombreux l'interrompirent encore une fois. Un jeune homme à l'air mélancolique occupait la tribune.

Il commença :

« Mesdames, j'ai demandé la parole pour combattre vos théories. Réclamer pour la femme des droits civils égaux à ceux de l'homme équivaut à réclamer la fin de votre pouvoir. Le seul aspect extérieur de la femme révèle qu'elle n'est destinée ni aux durs travaux physiques ni aux longs efforts intellectuels. Son rôle est autre, mais non moins beau. Elle met de la poésie dans la vie. De par la puissance de sa grâce, un rayon de ses yeux, le charme de son sourire, elle domine l'homme, qui domine le monde. L'homme a la force que vous ne pouvez lui prendre ; mais vous avez la séduction qui captive la force. De quoi vous plaignez-vous ? Depuis que le monde existe, vous êtes les souveraines et les dominatrices. Rien ne se fait sans vous. C'est pour vous que s'accomplissent toutes les belles œuvres.

Mais du jour où vous deviendrez nos égales, civilement,

politiquement, vous deviendrez nos rivales. Prenez garde alors
que le charme ne soit rompu qui fait toute votre force. Alors,
comme nous sommes incontestablement les plus vigoureux et
les mieux doués pour les sciences et les arts, votre infériorité
190 apparaîtra, et vous deviendrez véritablement des opprimées.

Vous avez le beau rôle, Mesdames, puisque vous êtes pour
nous la séduction de la vie, l'illusion sans fin, l'éternelle récompense de nos efforts. Ne cherchez donc point à en changer.
Vous ne réussirez pas, d'ailleurs. »

195 Mais des sifflets l'interrompirent. Il descendit.

Le voisin de Patissot, se levant alors :

« Un peu romantique, le jeune homme, mais sensé du moins.
Venez-vous prendre un bock[1], Monsieur ?

– Avec plaisir. »

200 Ils y allèrent, pendant que s'apprêtait à répondre la citoyenne
Césarine Brau.

31 mai-18 août 1880

---

1. Un verre de bière.

BIEN LIRE

• **Dans ce chapitre, le féminisme le plus
caricatural cohabite avec le machisme le plus
traditionnel. Classez les personnages selon leur
position sur le sujet.**

Après-texte

POUR COMPRENDRE

GROUPEMENT DE TEXTES

INFORMATION/DOCUMENTATION

Lire

1 Pourquoi Maupassant a-t-il choisi de nous faire découvrir son héros à l'âge de 52 ans ?

2 À quoi se résument les ambitions du protagoniste ?

3 Dressez le portrait social, moral et physique de M. Patissot, à partir des éléments explicites ou implicites fournis par Maupassant. Vous pourrez si nécessaire vous référer à des chapitres ultérieurs.

4 Quelle vision Maupassant donne-t-il des fonctionnaires ? de la vie dans les ministères ?

5 À quelle époque l'action se situe-t-elle ?

6 Comment se manifeste l'adaptation de M. Patissot aux différents régimes politiques ? Comment interprétez-vous une telle aisance ?

7 Quel type d'ouvrage M. Patissot avait-il l'habitude de lire le dimanche ? Montrez que cette lecture influe directement sur les achats vestimentaires qu'il effectue.

8 Relevez le champ lexical du théâtre aux lignes 157 à 187. Quelle image donne-t-il du client ?

9 Montrez que M. Patissot est lui aussi, à sa manière, un comédien. Le sait-il lui-même ? Justifiez votre réponse.

Écrire

10 Imaginez un dialogue entre deux employés du ministère, au lendemain de la nouvelle trouvaille vestimentaire de M. Patissot (p. 12) ; l'un, goguenard, se moque de lui sans détour ; l'autre, au contraire, s'inquiète de ses éventuels soutiens politiques.

11 Remplacez la virgule de la ligne 188 par une conjonction de subordination. Précisez quel rapport logique est ainsi exprimé.

12 Imaginez une scène opposant un vendeur à un client indécis. Vous préciserez d'emblée l'objet de la discussion (un vêtement, un matériel hi-fi, un meuble...), et vous prendrez soin de filer la métaphore du théâtre et de la tromperie.

Chercher

13 Quelle différence la langue française établit-elle entre les adverbes « soi-disant » (l. 136) et « prétendument » ?

14 Dans quel ouvrage Diderot analyse-t-il les caractéristiques du bon comédien ? Résumez sa théorie, et dites si, à l'aune de celle-ci, M. Patissot est un bon ou un mauvais acteur.

À SAVOIR

POUR COMPRENDRE

L'ÉTUDE DES TEMPÉRAMENTS

La notion de tempérament émane directement de la théorie antique des humeurs, proposée par Galien : chaque individu serait dominé par l'un des quatre types physiques qui le constituent – blanc (le lymphatique), rouge (le sanguin), jaune (le bilieux) et noir (le mélancolique). L'influence de cette conception médicale fut considérable jusqu'au XVIIe siècle, avant d'être à nouveau exploitée à la fin du XIXe siècle par les écrivains naturalistes, pour qui les individus sont « souverainement dominés par leurs nerfs et leur sang, dépourvus de libre arbitre, entraînés à chaque acte de leur vie par les fatalités de leur chair » (Zola, préface de la 2e édition de *Thérèse Raquin*, 1867). Ainsi Maupassant prend-il soin de préciser que M. Patissot est un sanguin (p. 13), tempérament qui le pousse à agir et à multiplier les sorties dominicales.

Comme il se doit, ce tempérament s'incarne dans un corps. Les sanguins, signes de terre, sont volontiers massifs et rougeauds. Le gros M. Patissot n'échappe pas à la règle : au moindre effort, son visage se teinte d'un bel incarnat, tandis que sa transpiration devient abondante et que sa respiration se fait saccadée (pp. 20-21). Nulle grâce donc chez lui, seulement une sorte de furie désordonnée et inutile.

La présentation des personnages par le tempérament est complétée par l'onomastique (la signification des noms propres), qui nous renseigne sur les intentions du narrateur à l'égard de ses personnages. Le nom de M. Patissot joue ainsi sur l'homonymie avec le verbe « pâtir » (selon une théorie toute naturaliste, notre bourgeois pâtit de son milieu social, duquel il ne peut s'extraire) et le substantif « pâtisson », légume peu aristocratique de la famille des courges. D'autres personnages nés de l'imagination de Maupassant sont également dotés de noms qui orientent le registre du texte vers le comique : M. Boivin, surnommé Boileau en raison de son penchant pour l'alcool ; M. Capitaine, simple sous-chef ; Zoé Lamour, citoyenne peu sensuelle, etc. Tempérament et onomastique se complètent donc dans l'élaboration des caractéristiques d'un personnage – vision stylisée chez Maupassant, parfois proche de la caricature.

Lire

1 Dans le chapitre 2, aux lignes 24 à 30, pourquoi les passants se retournent-ils pour voir M. Patissot ?

2 Mettez en valeur le contraste qui sépare M. Patissot tel qu'il se rêve et M. Patissot tel qu'il est réellement ; appuyez-vous pour cela sur l'étude d'au moins une scène du chapitre 2.

3 Montrez que ce bourgeois est un personnage *a priori* paradoxal, tantôt soucieux de l'image qu'il renvoie, tantôt indifférent à l'opinion d'autrui. Comment pouvez-vous expliquer cet écart ?

4 En vous aidant de l'encadré « À savoir », recherchez dans ce chapitre un exemple de discours direct, de discours indirect, et de discours indirect libre. Que nous apporte ce dernier dans la compréhension du personnage principal ?

5 En quoi le traitement de la nature (vocabulaire, syntaxe…) illustre-t-il la tendresse de M. Patissot pour la campagne ? Montrez toutefois que cette tendresse est parfois ridicule.

6 Des lignes 72 à 76 (chapitre 2), à quel animal l'employé est-il assimilé ? Pourquoi ? Quelles figures de style sont utilisées dans ce paragraphe ?

7 Quel rôle joue le couple dans le parcours dominical de M. Patissot ?

8 Quelle vision de la vie conjugale Maupassant propose-t-il ici ? Selon vous, pourquoi a-t-il choisi de ne pas individualiser le mari et l'épouse par un nom ou un prénom ?

9 Commentez la première et la dernière phrase du chapitre 2.

10 Dans le chapitre 3, quel personnage M. Patissot rencontre-t-il d'abord ? Quel sens donnez-vous à cet ordre de présentation ?

11 À quel type de personnage Mme Boivin s'apparente-t-elle, tant au physique qu'au moral ? Cette femme vous paraît-elle réaliste ? Justifiez votre réponse.

12 Quel rapport le texte établit-il entre la demeure des Boivin et les caractéristiques morales et physiques de ses habitants ?

13 Expliquez le jeu de mots présent dans le sobriquet donné à « M. Boivin, surnommé Boileau » (l. 4-5). Quelle est la figure de style employée ?

14 Diriez-vous de M. Patissot qu'il est un personnage comique ou pathétique ? Justifiez votre réponse.

Écrire

15 Faites le commentaire des lignes 156 à 185 (pp. 24-25).

16 Récapitulez les divers événements qui contrecarrent les beaux

POUR COMPRENDRE

projets de M. Patissot. Pour quelles raisons n'est-il pas crédible en promeneur aguerri ?

17 Faites l'éloge ou le blâme de la vie à la campagne. Votre texte se fondera sur une anecdote personnelle, et utilisera au moins à deux reprises la forme du discours indirect libre ; vous prendrez soin d'employer un registre de langue soutenu, et n'exclurez pas le recours ponctuel à l'humour ou à l'ironie.

18 Il vous est certainement déjà arrivé de faire le fanfaron afin d'impressionner votre entourage. Racontez, en prenant soin de terminer par une chute burlesque.

Chercher

19 M. Patissot se prend pour le Juif errant (p. 19, l. 39). Comparez les expériences de ces deux personnages, et dites si ce rapprochement vous paraît pertinent.

20 Quel est le genre du mot « amour » au singulier ? et au pluriel ? Réécrivez alors la phrase des lignes 189 à 191 (chapitre 2) en remplaçant l'adjectif « poétique » par « beau », que vous accorderez en genre et en nombre. Quels sont les deux autres mots de la langue française qui obéissent à la même règle ?

À SAVOIR

LES DISCOURS RAPPORTÉS

Il existe quatre procédés pour faire connaître les paroles d'un personnage.
– Le **discours direct** reproduit, tel quel et intégralement, les propos qui ont été tenus. Ses caractéristiques sont la présence d'un verbe de parole et d'une typographie particulière (tirets, guillemets), ainsi que le respect du système d'énonciation.
– Le **discours indirect** subordonne les propos tenus à un verbe principal, synonyme plus ou moins proche de « dire », et transpose les pronoms, les temps et les repères spatio-temporels.
– Le **discours indirect libre** n'est pas soumis à la subordination d'un verbe introducteur, et restitue les intonations du discours direct ; il subit aussi les transpositions du discours indirect (temps, personnes, repères spatio-temporels).
– Le **discours narrativisé** s'intègre parfaitement à la narration et suggère le contenu des propos.

Lire

1 Comment expliquez-vous le nombre croissant d'individus que M. Patissot côtoie depuis qu'il a entrepris d'aller à la campagne le dimanche ?

2 Relevez les pronoms « on », et classez-les selon leurs valeurs. Interprétez leur fréquence.

3 Relevez les détails qui installent une atmosphère de violence latente (p. 36). Quelle représentation le narrateur veut-il donner de la pêche ?

4 La Seine est-elle ici synonyme de liberté ? Justifiez votre réponse.

5 Relevez tout ce qui confère à la scène du chapeau (pp. 41-42) un caractère théâtral. Vers quel type de comique Maupassant s'oriente-t-il ici ?

6 Commentez le choix du dénouement par l'auteur.

Écrire

7 Faites le commentaire des lignes 26 à 54.

8 Le lendemain, M. Patissot entreprend de raconter à un collègue sa partie de pêche. À partir des éléments fournis par le texte, imaginez son discours, en respectant le caractère fanfaron du personnage.

9 Transposez la partie de pêche sur la Seine dans les années 2000. Votre texte sera, au choix, comique ou pathétique.

Chercher

10 Trouvez le plus de synonymes possibles au mot « fanfaron ». Puis citez des personnages littéraires caractérisés par leur vantardise.

À SAVOIR

LES VALEURS DU PRONOM « ON »

Le pronom indéfini « on », toujours utilisé comme sujet, est d'un emploi très fréquent, et peut avoir trois valeurs différentes :
– Une **valeur d'indéfini** : « on » peut alors être remplacé par « quelqu'un ».
– Une **valeur générale** : « on » désigne « tout le monde », « les hommes ». Cet emploi se retrouve à la ligne 46, où le pronom est mis pour « les voyageurs ».
– Une **valeur de substitut** : dans ce cas, « on » désigne un individu ou un groupe d'individus identifiables. C'est le cas du pronom de la ligne 87 qui qualifie M. Patissot, le père Boivin et le gros monsieur.

POUR COMPRENDRE

Lire

1 Caractérisez la maison de Meissonier ?

2 Identifiez la figure de style : « un fleuve, un ruissellement, un Niagara de barbe » (l. 61).

3 Montrez que le texte établit une adéquation entre Zola et sa propriété.

4 Précisez quel est le type de focalisation employé : qui admire le grand écrivain ?

5 Relevez et interprétez les différents sourires évoqués dans ce chapitre.

6 Montrez le caractère mécanique du sésame prononcé par M. Patissot pour flatter Zola et Meissonier (formulation, effets). Quelle image cela donne-t-il des deux artistes ?

7 Malgré tout, pourquoi Meissonier et Zola ne sauraient-ils être seulement des « types ») ?

Écrire

8 Sur le modèle du portrait de Zola (l. 155-169), dressez celui de Guy de Maupassant, en vous aidant d'une photographie de l'auteur. Vous prendrez soin de ne pas vous limiter aux seules caractéristiques physiques.

9 Zola aurait tout aussi bien pu refuser de recevoir le journaliste. Imaginez alors à quelle ruse, celui-ci aurait pu recourir pour rencontrer le grand écrivain (l. 120).

Chercher

10 Quels peintres Zola défendait-il ? Quelle opinion avait-il de Meissonier ?

11 Quelle différence faites-vous entre les adjectifs « deuxième » et « second » ?

À SAVOIR

PERSONNAGE : CRÉATION, TYPE ET STÉRÉOTYPE

Un **personnage** est toujours une collection de traits (physiques, moraux, sociaux) construits par l'ensemble des indications livrées à son sujet par le narrateur, mais aussi par ce qu'il fait et dit. La combinaison de ces traits constitue un portrait.

Les personnages peuvent être une **création** (ils présentent alors des caractères originaux), un type ou un stéréotype :

– Le personnage **type** représente une catégorie d'individus ou un groupe social, à une époque donnée (le bourgeois, le prêtre...) ;

– Le personnage **stéréotype** est proche de la caricature : ses traits sont fortement conventionnels, et volontiers mécaniques.

Lire

1 Au chapitre 6, qui parle des lignes 8 à 13 ?

2 Quelle idée les Parisiens se font-ils de la célébration du 14 juillet ? À partir du relevé du champ lexical des cinq sens, aux lignes 14 à 31, montrez que le narrateur en a une toute autre opinion. À quoi assimile-t-il les spectateurs ? À quelle tonalité recourt-il ?

3 Commentez l'affirmation : « toute conscience peut être achetée » (p. 55, l. 48).

4 Quel est l'objet du débat qui oppose M. Patissot au « monsieur d'aspect vénérable » (p. 56-57, l. 70-110) ? Quelles sont les convictions politiques de ce passager ? Commentez.

5 « Les cervelles s'exaltaient » (p. 59, l. 155) : quelle est la figure de style employée ? Pourquoi avoir choisi « cervelles » plutôt que « cerveaux » ?

6 Indiquez les différentes étapes qui aboutissent au déchaînement final d'enthousiasme. Peut-on alors encore parler de politique à propos des actes et des propos des passagers ?

7 Dans le chapitre 9, pourquoi Maupassant choisit-il de confronter son héros à la question de la politique ?

8 Repérez les différentes voix du texte : personnages, auteurs cités, narrateur. Quel est l'effet produit (chapitre 9) ?

9 Résumez la raison pour laquelle M. Rade dénigre le patriotisme.

10 Quel métier exercent les « messieurs à casquette de soie » (p. 80, l. 147) ? Quelle opinion les convives ont-ils de cette profession ? et les hommes du XVIIIe siècle ? Quelle conclusion M. Rade en tire-t-il sur la morale ?

11 Au final, quelles sont les convictions politiques de M. Rade ? Justifiez en citant le texte.

12 Pourquoi le mot « *principes* » (l. 161) est-il en italique ? Cherchez la définition que Flaubert en propose dans son *Dictionnaire des idées reçues*, et dites si elle conviendrait à la situation décrite ici.

13 Commentez « républicains par nécessité » (p. 84, l. 226).

Écrire

14 À la manière du monsieur de l'impériale, proposez à votre tour une idée incongrue pour que les Parisiens puissent voir à loisir le président de la République.

15 Composez vous-même un petit « dictionnaire des idées reçues », sur trois ou quatre thèmes que vous choisirez.

Chercher

16 Dans quelles circonstances Flaubert a-t-il rédigé son *Dictionnaire des idées reçues* ? Cherchez dans le chapitre 9 des phrases qui pourraient en faire partie.

À SAVOIR

LA VIE POLITIQUE FRANÇAISE EN 1880

Au lendemain de sa proclamation par Gambetta, le 4 septembre 1870, la IIIᵉ République peine à s'affirmer : monarchistes, républicains et quelques rares bonapartistes s'affrontent dans d'incessantes luttes de pouvoir. Les élections de février 1871, qui donnent une large majorité aux députés monarchistes, aboutissent à l'élection de Thiers comme chef du pouvoir exécutif. Celui-ci affronte l'insurrection de la Commune de Paris (mars-mai 1871), qu'il réprime de façon sanglante, avant d'entreprendre de redresser la France.

Mais l'Assemblée, forte de sa majorité conservatrice, veut la restauration de la monarchie, et accule Thiers à la démission. Le 24 mai 1873, il est remplacé par Mac-Mahon, tenant de « l'Ordre moral » – ce qui implique des brimades contre la presse, un pouvoir accru de l'Église... Le retour du roi est cependant rendu impossible par les divisions internes aux monarchistes eux-mêmes : orléanistes (branche cadette des Bourbons) et légitimistes (branche aînée) se querellent sur le choix du monarque, au point que, en 1875, les premiers votent les lois constitutionnelles, aux côtés des républicains. Déjà majoritaires à l'Assemblée, ces derniers le deviennent également au Sénat en 1879 ; Mac-Mahon démissionne alors le 30 janvier 1879, remplacé par Jules Grévy : la République, désormais, appartient aux républicains.

Maupassant se sert à plusieurs reprises de ce cadre politique pour renforcer le caractère réaliste de son récit : le premier chapitre retrace le passage du Second Empire à la Troisième République ; le sixième chapitre signale que la fonction de Président n'est plus liée à un homme (Mac-Mahon en l'occurrence), mais qu'elle devient une institution. Le neuvième nous indique que, même en 1880, les discussions continuent d'aller bon train entre les trois grandes tendances politiques des années 1870 (p. 81). Enfin, d'autres allusions sont distillées ponctuellement, telle celle de la réforme de l'école entreprise par Grévy (p. 92). Autant de manières pour l'auteur d'établir avec ses contemporains une relation de complicité – distendue, il est vrai, avec les lecteurs du XXIᵉ siècle.

Lire

1 Dans le chapitre 7, précisez et justifiez la situation morale de M. Patissot et de son voisin de banc au début du chapitre.

2 Pourquoi M. Patissot grimace-t-il de joie à la ligne 49 (p. 63) ? Quelle image cela donne-t-il de ses rapports avec autrui ?

3 Dans quelles circonstances le monsieur désespéré rencontre-t-il Victorine ? Qu'est-ce qui la caractérise physiquement ? En quoi ces deux éléments jettent-ils le discrédit sur la profession exercée par la jeune femme ?

4 Dressez le schéma narratif de la mésaventure advenue naguère au monsieur triste. Quels indices laissaient présager l'issue de son histoire ?

5 Quels éléments rendent celle-ci comique ? tragique ? Vous vous attacherez notamment à la personnalité du locuteur, à la succession des actions, ainsi qu'au caractère très théâtral du drame nocturne.

6 Interprétez et commentez le rire qui submerge M. Patissot à la fin du récit de son interlocuteur, page 67. Comparez avec le titre du chapitre.

7 En quoi la situation décrite dans ce chapitre préfigure-t-elle l'échec amoureux de M. Patissot ?

8 Dans le chapitre 8, quelle profession Octavie exerce-t-elle ? Relevez les indices qui vous permettent de répondre.

9 Quel regard M. Patissot porte-t-il sur la jeune femme ? Qu'en espère-t-il ? Montrez que le regard du narrateur corrige celui du personnage en s'en moquant.

10 Justifiez l'italique de la ligne 51 (p. 71). Quel est le niveau de langue employé ?

11 À quel animal Octavie est-elle comparée (p. 71, l. 54-62) ? Pourquoi ?

12 En quoi l'évocation de la promenade en bateau (p. 73) peut-elle se lire comme une parodie des références romantiques ?

13 Comment la sanction de la réalité est-elle annoncée par Maupassant ? Quelles conclusions la chute nous laisse-t-elle tirer ?

14 Justifiez le titre retenu par Maupassant, « Essai d'amour ».

Écrire

15 Une semaine après le drame, le monsieur désespéré entreprend de convaincre son oncle de la pureté de ses intentions à l'égard de sa jeune maîtresse. Rédigez la lettre grandiloquente dans laquelle il tente de calmer sa colère et de l'attendrir. Vous recourrez au moins une fois à la forme du dialogue.

POUR COMPRENDRE

16 Imaginez les quelques mots qu'Octavie jette à l'oreille du « grand diable » (p. 72, l. 88).

17 Quelle vision de l'amour Maupassant donne-t-il à travers ces deux chapitres ?

Chercher

18 Recherchez des reproductions de peintures représentant une régate, une partie de canotage, ou un bal organisé dans une guinguette.

19 Dans quel roman Zola met-il en scène une « demi-mondaine » ? Comment finit-elle ?

20 Quelle est l'étymologie du mot « travail » ?

21 Qu'est-ce qu'un vaudeville ? Dans quelle mesure le chapitre 8 ressortit-il à ce genre ?

À SAVOIR

LES REGISTRES LITTÉRAIRES

En littérature, le registre traduit les effets que produit une œuvre sur la sensibilité du lecteur : rires, indignation, pitié...
– Le **tragique** exprime la prise de conscience par l'homme des forces qui le dominent et le vouent à la souffrance et à la mort : poids social, fatalité, châtiment... Il doit susciter stupeur et angoisse.
– Le **pathétique** traduit également une souffrance, et naît du spectacle d'un être confronté à une situation douloureuse (misère, mort, violence...). Il cherche à susciter attendrissement et compassion. M. Patissot est plus d'une fois pathétique, dans son incapacité récurrente à mener à bien ses rêves.
– L'**épique** met en valeur les efforts entrepris par un homme pour dépasser ses limites.
– Le **lyrique** manifeste les émotions et les sentiments intimes du locuteur, et cherche à créer une proximité avec le destinataire. La fuite du temps, l'amour, le goût de la nature (omniprésent au début des *Dimanches d'un bourgeois de Paris*) comptent parmi les thèmes les plus exploités.
– Le **polémique** présuppose une situation de conflit, qui permet au locuteur de s'attaquer aux valeurs, aux mœurs et aux institutions qu'il souhaite corriger.
– Le **comique** perçoit le réel à travers des événements qui le déforment et provoquent le rire. L'éventail de ses intentions est large, qui va de l'humour à la moquerie, via les genres du burlesque, de la parodie, de l'ironie, de la farce ou de la satire.
– Le **fantastique** a pour but de déstabiliser le lecteur.

Lire

1 Relevez dans ces chapitres les métaphores et comparaisons appliquées à la femme. À quel animal est-elle souvent assimilée ? Par qui ? Pourquoi ?

2 Dressez le portrait de la femme idéale selon M. Patissot, puis expliquez pourquoi sa quête d'amour est perdue d'avance.

3 Au chapitre 9, résumez les points de vue sur la femme émis par les différents auteurs que cite M. Rade.

4 Caractérisez la conception de la femme défendue par les deux camps (M. Rade et les autres invités). L'une des deux vous paraît-elle pleinement séduisante ? Pourquoi ?

5 Qui compose l'essentiel du public assistant au meeting du chapitre 10 ? Observez le contraste entre la relative beauté des intervenantes et les caractéristiques physiques de l'auditoire. Quelle conclusion pouvez-vous en tirer ?

6 Pourquoi Maupassant a-t-il choisi de mettre en italique certains propos tenus par la citoyenne Zoé Lamour ?

7 En quoi Zoé Lamour est-elle le double inversé de l'idéal féminin selon M. Patissot ?

8 Quelle est la fonction de l'intervention du jeune homme mélancolique ?

9 Quel est le rôle du « vieux monsieur décoré » (p. 87, l. 25) dans les dernières pages ?

10 Comment interprétez-vous l'invitation finale à aller prendre un verre ?

11 Relevez les différentes figures féminines qui apparaissent dans l'œuvre, et dites, pour chacune d'entre elles, selon quel degré d'intensité elles transgressent les valeurs et les principes élaborés par la société du XIXe siècle.

Écrire

12 Vous êtes journaliste, et vous réagissez aux propos tenus lors de la séance publique du chapitre 10. Rapportez-les brièvement, et donnez votre point de vue.

13 Quelles revendications énoncées lors du meeting politique vous semblent encore d'actualité ? Vous distinguerez les éléments concernant la femme dans le couple, la femme et le monde du travail, la femme en société.

14 L'œuvre se termine sur l'évocation du discours de Césarine Brau. Rédigez la réponse qu'elle adresse au jeune homme mélancolique.

Chercher

15 Quelle était la maîtresse favorite

POUR COMPRENDRE

de Maupassant dans les années 1880 ? En quoi a-t-elle pu lui inspirer le personnage de Zoé Lamour ?

16 Qu'est-ce qu'une suffragette ? Quand ce mot est-il apparu en France ? Quelle est son origine ?

À SAVOIR

LA CONDITION FÉMININE À LA FIN DU XIXᵉ SIÈCLE

Deux textes fondateurs précisent les discours dominants sur la condition féminine au XIXᵉ siècle :

– Le Code civil de 1804 établit le cadre juridique de la question : la femme est soumise à l'autorité masculine – celle de son père, puis celle de son mari. L'article 213 est sans ambiguïté sur ce point : « Le mari doit protection à la femme, la femme obéissance à son mari. » La dépendance est d'abord matérielle : « Le mari administre seul les biens de la communauté. Il peut les vendre, aliéner et hypothéquer sans le secours de sa femme. » (article 1421). Cette situation s'explique par la conception que l'époque se fait de la famille, définie comme « unité de sang » ; elle implique que l'adultère féminin est traité comme un délit et, comme tel, puni d'un emprisonnement allant de trois mois à deux ans – tandis que l'adultère masculin n'est punissable que d'une simple amende, et seulement si le mari entretient une maîtresse sous le toit conjugal.

– Le *Grand Dictionnaire universel du XIXᵉ siècle* de Pierre Larousse (1865-1876) duplique partiellement ce schéma, dans le domaine de l'idéologie : la femme y est décrite comme une créature à la « constitution corporelle [...] proche de celle de l'enfant » ; le mariage – en dehors duquel elle est « presque en tout point l'égale de l'homme » – est défini comme la finalité de son existence. Progrès et misogynie cohabitent donc ici, dans un discours qui a la caution de la science et du droit.

On comprend que les mouvements féministes fassent leur terreau de cette situation inégalitaire, déjà décriée en 1791 : « La femme a le droit de monter à l'échafaud, elle doit également avoir celui de monter à la tribune. » (Olympe de Gouges, *Déclaration des Droits de la femme*, 1791). Mais Maupassant ironise sur les excès qui en découlent : les oratrices qu'il croque dans son dernier chapitre sont de véritables dominatrices, ultra radicales – en un mot, peu attirantes. Tout se passe comme si les préjugés restaient tenaces chez cet écrivain souvent taxé de misogynie ; mais au moins laisse-t-il entendre un véritable discours critique, susceptible d'ébranler l'hypocrisie sociale.

LE SCHÉMA NARRATIF

POUR COMPRENDRE

Lire

1 Quel genre de vie menait M. Patissot avant qu'il n'ait 52 ans ?

2 Quel événement déclenche chez lui le désir impérieux de modifier son mode d'existence ?

3 Comment essaie-t-il d'aller de l'avant ? Résumez ses différentes tentatives.

4 Comparez la situation finale du héros et celle du début. Quels sont les éléments qui n'ont pas changé ? Comment peut-on interpréter cette absence d'évolution ?

5 Dressez alors le schéma narratif du recueil. Quelle étape pose problème ? Pourquoi ?

Écrire

6 Lequel de ces dix chapitres avez-vous préféré ? Pour quelles raisons ?

7 Estimez-vous qu'il soit difficile d'échapper à sa classe sociale ? Votre réponse sera argumentée et nourrie d'exemples.

Chercher

8 Dans quel roman de Maupassant le héros parvient-il à gravir les échelons de la société grâce à son pouvoir de séduction sur les femmes ? Comparez sa situation au début et à la fin.

À SAVOIR

LE SCHÉMA NARRATIF

Tout récit de fiction (roman ou nouvelle) possède une structure fondamentale simple, appelée schéma narratif, et comportant cinq étapes :

– La **situation initiale** définit le cadre de l'intrigue : elle met en place le lieu, l'époque, les personnages.

– L'**élément perturbateur** (ou force transformatrice) remet en cause l'état initial (événement inattendu, rencontre, découverte...).

– La **dynamique de l'action** modifie la situation des personnages (péripéties).

– L'**élément de résolution** (ou force équilibrante) annonce la résolution de l'intrigue.

– La **situation finale** définit l'état, heureux ou malheureux, des personnages à la fin du récit.

Tout écart par rapport à ces cinq « lois » doit être interprété ; ainsi l'absence d'évolution du personnage de M. Patissot tout au long de ses aventures est-elle significative, selon la théorie naturaliste, d'une véritable sclérose de la société, qui condamne l'individu à rester cantonné dans son milieu d'origine.

Lire

1 Recherchez dans le texte des indices qui montrent que les dix chapitres ont été écrits selon le principe du feuilleton.

2 Au chapitre 1, à quelle date précise M. Patissot entreprend-il de préparer sa promenade dominicale ? Quand Maupassant a-t-il publié ce premier chapitre ? Quelle conclusion pouvez-vous en tirer ?

3 Trouvez dans le texte d'autres exemples d'une écriture contemporaine des événements narrés.

4 Quelle place occupe l'Histoire dans la narration ?

5 Examinez la fin de chaque chapitre. Peut-on parler de « chute » ?

6 Qu'est-ce qui assure à ce recueil une certaine cohérence, par-delà la diversité des sujets abordés (personnage, tempérament, tonalité, focalisation...) ?

Écrire

7 Rédigez un onzième chapitre, mettant aux prises M. Patissot avec une nouvelle situation lui permettant d'échapper à la sédentarité propre à son travail de « gratte-papier » (visite d'un musée, audition d'un concert, leçon de peinture...).

Chercher

8 Combien de nouvelles Maupassant a-t-il publiées de son vivant ?

POUR COMPRENDRE

À SAVOIR

NOUVELLE ET CHRONIQUE

La **nouvelle** est un récit en prose, qui se différencie du conte par son caractère vraisemblable, et du roman par sa brièveté. Ancrée dans le réel, elle présente un cadre resserré, peu de personnages, une action concentrée, une narration sérieuse, et une fin surprenante, appelée « chute » – Maupassant prend quelques libertés par rapport à ces « lois ».

La **chronique**, qui ne présente aucune contrainte de longueur est un récit dans lequel le narrateur rapporte des faits historiques. Très en vogue au XIXe siècle, elle concilie vérité et fiction, récit dynamique et tableau d'une époque, de quoi séduire Maupassant, tiraillé entre son goût pour le fait vrai et son amour de la fiction. Cependant, l'Histoire n'est guère plus qu'une toile de fond dans *Les Dimanches*, qui plus est brossée à grands coups d'ironie : là encore, l'assimilation à un genre particulier n'est que ponctuelle, rendant l'œuvre aussi instable que son héros.

Lire

1 L'un des grands thèmes naturalistes est le corps : qu'est-ce qui caractérise M. Patissot d'un point de vue physique ? Pourquoi ? Montrez comment le narrateur suggère que délaisser le physique au profit du seul mental est contre nature.

2 En vous aidant du chapitre 10, dites le danger qui menace ceux dont les désirs corporels ne sont pas satisfaits.

3 Quel lien établissez-vous entre la description de la nature et l'état d'âme du héros ? Examinez notamment les chapitres 2, 3 et 8.

4 Pour quelles raisons (sociales et personnelles) M. Patissot échoue-t-il systématiquement dans chacune de ses entreprises ?

5 Commentez le titre choisi par Maupassant : quel est l'effet produit par les deux articles retenus ? En quoi ce titre a-t-il à la fois une portée générale et individuelle ?

6 Montrez que, à mesure que les chapitres avancent, les ambitions de M. Patissot se font de moins en moins héroïques, de plus en plus bourgeoises. À votre avis, pourquoi ?

7 Au chapitre 6, précisez rapidement les caractéristiques de la demeure de M. Patissot. Dans quelle mesure

peut-on dire que cette description se charge d'une dimension symbolique ?

8 La question de l'objectivité : le portrait de Zola, au chapitre 5, est-il vraiment élogieux ? Étudiez notamment le contraste qui oppose le gigantisme de la maison à la taille modeste du propriétaire. Que peut symboliser la tour édifiée par le propriétaire ?

9 Au chapitre 10, quels sont les éléments grammaticaux et stylistiques qui confèrent au texte l'aspect d'un reportage en direct ? Peut-on pour autant dire de ce texte qu'il est objectif ? Justifiez votre réponse, en étudiant par exemple les lignes 39 à 43 (p. 88).

10 En quoi consiste l'ironie ? Celle employée perpétuellement par le narrateur vous paraît-elle être un élément qui va à l'encontre de l'écriture réaliste ou naturaliste ? Justifiez votre réponse.

Écrire

11 Un producteur veut porter le recueil à l'écran, en transposant l'action de nos jours. Quelles modifications doit-il effectuer (emploi du héros, cadre de vie, loisirs...) ?

12 Rédigez un texte de deux pages démontrant, à l'aide d'arguments et d'exemples, que *Les Dimanches d'un bourgeois de Paris* est un texte qui allie tragédie et comédie.

Chercher

13 Dans quel ouvrage Zola élabore-t-il un manifeste du naturalisme ? En quelle année ?

14 Quels étaient les écrivains qui participaient aux « soirées de Médan » autour de Zola ?

15 Lisez la préface de *Pierre et Jean*, intitulée « Le Roman » ; résumez en une page la position de Maupassant.

À SAVOIR

RÉALISME ET NATURALISME

Le réalisme (dont la théorie est amorcée en 1850 par Champfleury) et le naturalisme (qui s'est imposé dès 1880, l'année des *Dimanches*) entretiennent l'un avec l'autre d'étroits liens, au point qu'il est parfois malaisé de dire si tel auteur appartient à l'un des courants plutôt qu'à l'autre. Ainsi Maupassant se proclame-t-il d'abord du second, avant de s'en démarquer explicitement en 1883 et de revenir vers le premier. Tentons néanmoins de donner quelques éléments constitutifs de chacune des deux « écoles ».

L'artiste **réaliste** est un observateur, simple témoin de son temps dont il entreprend la description encyclopédique, sans pour autant le copier totalement : « Faire vrai consiste [...] à donner l'illusion complète du vrai, suivant la logique ordinaire des faits, et non à les transcrire servilement dans le pêle-mêle de leur succession. » (Maupassant, « Le Roman », préface de *Pierre et Jean*, 1887). Quelques aspects caractérisent l'écriture réaliste :

– L'*incipit* a tendance à surcoder le discours pour donner l'illusion de la transparence.

– Le personnage principal, singulier par sa destinée, est le fil conducteur du récit.

– Le cadre spatio-temporel est proche de celui du lecteur.

– L'intrigue privilégie le « petit fait vrai » (Stendhal), le quotidien le plus humble, au détriment du sensationnel.

– La narration se fait à la troisième personne, avec une objectivité proclamée.

L'école **naturaliste**, réunie autour de Zola, ne fait qu'ajouter des visées scientifiques à ces principes. La narration, censée être elle aussi objective, met en scène des personnages, à l'existence terne et passive, marqués par leur tempérament, l'hérédité et leur milieu social – autant d'éléments que l'on retrouve en partie dans *Les Dimanches*.

GROUPEMENT DE TEXTES

CARICATURES DE BOURGEOIS

Au Moyen Âge, un bourgeois est un habitant d'une ville soustraite à l'influence du seigneur, c'est-à-dire exempte de charges. Souvent synonyme de « marchand », le terme implique dès le XIIIe siècle l'idée d'aisance financière ; il tend alors à se développer pour désigner une nouvelle catégorie sociale, intermédiaire entre la noblesse et la paysannerie, et férue de travail, par opposition à une noblesse oisive. Aussi cesse-t-il dès le XVIIe siècle d'être défini par son caractère urbain, pour ne plus désigner qu'un individu appartenant à cette nouvelle classe, sujet récent de littérature (extrait n° 1). Parallèlement à l'apparition des « vertus bourgeoises » (travail, famille…), célébrées dans de nombreuses œuvres littéraires et picturales, naît alors un emploi péjoratif du terme : le bourgeois, qui domine l'économie française, est une personne dénuée de goût et de culture, et, comme telle, ridicule, notamment aux yeux de la noblesse (extrait n° 2). La critique demeure pourtant le plus souvent bonhomme : il s'agit de faire rire tout en corrigeant les mœurs, selon le précepte antique.

Progressivement, le bourgeois n'est plus celui qui s'oppose aux nobles : le XIXe siècle, friand de représentants de cette classe, ridicules si possible (Henri Monnier et son célèbre Monsieur Prudhomme – ancêtre de notre M. Patissot –, Courteline, Labiche, Feydeau…), oppose l'artiste au bourgeois : l'un crée, innove, et vit dans la pauvreté ; l'autre se voit reprocher son conformisme sclérosant (texte n° 4), son souci exclusif de la réussite matérielle, au détriment de l'esthétique et de l'évolution des formes artistiques. Et si d'aventure il lui venait l'envie de se soustraire à sa médiocrité – au sens classique aussi bien que courant –, il se heurte à un échec aussi radical que risible (extrait n° 3).

Enfin, le XXᵉ siècle confère au mot un sens volontiers plus politique : la notion de classe apparaît nettement, le bourgeois devenant le pôle négatif du jugement social (extrait n° 5).

Antoine Furetière (1619-1688)
Le Roman bourgeois, 1666

Furetière, connu surtout aujourd'hui pour son *Dictionnaire universel*, se moque des ouvrages précieux de son siècle : comme il l'explique dans l'*incipit* de son roman, il choisit de mettre en scène des « bourgeois », c'est-à-dire des gens aux occupations triviales.

Je chante les amours et les aventures de plusieurs bourgeois de Paris, de l'un et de l'autre sexe ; et ce qui est de plus merveilleux, c'est que je les chante, et si[1] je ne sais pas la musique. Mais puisqu'un roman n'est rien qu'une poésie en prose, je croirais mal débuter si je ne suivais l'exemple de mes maîtres, et si je faisais un autre exorde : car, depuis que feu Virgile a chanté Énée et ses armes, et que le Tasse[2], de poétique mémoire, a distingué son ouvrage par chants, leurs successeurs, qui n'étaient pas

---

1. Pourtant.
2. Virgile et le Tasse sont deux grands poètes, l'un latin (Iᵉʳ siècle av. J.-C.), l'autre italien (XVIᵉ s.).

Caricatures de bourgeois

meilleurs musiciens que moi, ont tous répété la même chanson, et ont commencé d'entonner sur la même note. Cependant je ne pousserai pas bien loin mon imitation ; car je ne ferai point d'abord une invocation des Muses, comme font tous les poètes au commencement de leurs ouvrages, ce qu'ils tiennent si nécessaire, qu'ils n'osent entreprendre le moindre poème sans leur faire une prière, qui n'est guère souvent exaucée. Je ne veux point faire aussi de fictions poétiques, ni écorcher l'anguille par la queue, c'est-à-dire commencer mon histoire par la fin, comme font tous ces messieurs, qui croient avoir bien raffiné pour trouver le merveilleux et le surprenant quand ils font de cette sorte le récit de quelque aventure. C'est ce qui leur fait faire le plus souvent un long galimatias, qui dure jusqu'à ce que quelque charitable écuyer ou confidente viennent éclaircir le lecteur des choses précédentes qu'il faut qu'il sache, ou qu'il suppose, pour l'intelligence de l'histoire.

Au lieu de vous tromper par ces vaines subtilités, je vous raconterai sincèrement et avec fidélité plusieurs historiettes ou galanteries arrivées entre des personnes qui ne seront ni héros ni héroïnes, qui ne dresseront point d'armées, ni ne renverseront point de royaumes, mais qui seront de ces bonnes gens de médiocre condition[1], qui vont tout doucement leur grand chemin, dont les uns seront beaux et les autres laids, les uns sages et les autres sots ; et ceux-ci ont bien la mine de composer le plus grand nombre. Cela n'empêchera pas que quelques gens de la plus haute volée ne s'y puissent reconnaître, et ne profitent de l'exemple de plusieurs ridicules dont ils pensent être fort éloignés. Pour éviter encore davantage le chemin battu des autres, je veux que la scène de mon roman soit mobile, c'est-à-dire tantôt en un quartier et tantôt en un autre de la ville ; et je commencerai par celui qui est le plus bourgeois, qu'on appelle communément la place Maubert.

---

1. De condition sociale moyenne. Le XVIIIe siècle connaissait aussi le sens péjoratif, seul actuel.

Molière (Jean-Baptiste Poquelin, dit ; 1622-1673)

Le Bourgeois gentilhomme (1670), acte III, scènes 15 et 16.

Dorante, gentilhomme sans fortune, aime la marquise Dorimène, elle-même aimée de monsieur Jourdain, riche bourgeois peu cultivé, et désireux d'acquérir les « bonnes manières » de la Cour. Incapable d'entreprendre de séduire lui-même sa belle, monsieur Jourdain passe par l'entremise de Dorante, qui, dénué de tout scrupule, offre en son nom propre la bague de diamants qu'il est censé transmettre à la marquise. Les deux aristocrates sont invités à un souper donné par le ridicule bourgeois…

Scène 15

[…]

DORIMÈNE

Enfin j'en reviens toujours là. Les dépenses que je vous vois faire pour moi m'inquiètent par deux raisons : l'une, qu'elles m'engagent plus que je ne voudrais ; et l'autre, que je suis sûre, sans vous déplaire, que vous ne les faites point que vous ne vous incommodiez ; et je ne veux point cela.

DORANTE

Ah ! Madame, ce sont des bagatelles, et ce n'est pas par là…

DORIMÈNE

Je sais ce que je dis ; et entre autres le diamant que vous m'avez forcée à prendre est d'un prix…

DORANTE

Eh ! Madame, de grâce, ne faites point tant valoir une chose que mon amour trouve indigne de vous, et souffrez… Voici le maître du logis.

Scène 16

M. JOURDAIN,

après avoir fait deux révérences, se trouvant trop près de Dorimène.
Un peu plus loin, Madame.

DORIMÈNE

Comment ?

M. JOURDAIN

Un pas, s'il vous plaît.

DORIMÈNE

Quoi donc ?

M. JOURDAIN

Reculez un peu pour la troisième.

DORANTE

Madame, Monsieur Jourdain sait son monde.

M. JOURDAIN

Madame, ce m'est une gloire bien grande de me voir assez fortuné pour être si heureux que d'avoir le bonheur que vous ayez eu la bonté de m'accorder la grâce de me faire l'honneur de m'honorer de la faveur de votre présence ; et, si j'avais aussi le mérite pour mériter un mérite comme le vôtre, et que le Ciel… envieux de mon bien… m'eût accordé… l'avantage de me voir digne… des…

DORANTE

Monsieur Jourdain, en voilà assez ; Madame n'aime pas les grands compliments, et elle sait que vous êtes homme d'esprit. *(Bas, à Dorimène.)* C'est un bon bourgeois assez ridicule, comme vous voyez, dans toutes ses manières.

DORIMÈNE

Il n'est pas malaisé de s'en apercevoir.

DORANTE

Madame, voilà le meilleur de mes amis.

M. JOURDAIN

C'est trop d'honneur que vous me faites.

DORANTE

Galant homme tout à fait.

DORIMÈNE

J'ai beaucoup d'estime pour lui.

M. JOURDAIN

Je n'ai rien fait encore, Madame, pour mériter cette grâce.

DORANTE, *bas à M. Jourdain.*

Prenez bien garde, au moins, à ne lui point parler du diamant que vous lui avez donné.

M. JOURDAIN

Ne pourrais-je pas seulement lui demander comment elle le trouve ?

DORANTE

Comment ? gardez-vous-en bien. Cela serait vilain à vous ; et, pour agir en galant homme, il faut que vous fassiez comme si ce n'était pas vous qui lui eussiez fait ce présent. *(Haut.)* Monsieur Jourdain, Madame, dit qu'il est ravi de vous voir chez lui.

DORIMÈNE

Il m'honore beaucoup.

M. JOURDAIN

Que je vous suis obligé, Monsieur, de lui parler ainsi pour moi !

DORANTE

J'ai eu une peine effroyable à la faire venir ici.

M. JOURDAIN

Je ne sais quelles grâces vous en rendre.

DORANTE

Il dit, Madame, qu'il vous trouve la plus belle personne du monde.

DORIMÈNE

C'est bien de la grâce qu'il me fait.

M. JOURDAIN

Madame, c'est vous qui faites les grâces, et…

DORANTE

Songeons à manger.

LAQUAIS

Tout est prêt, Monsieur.

DORANTE

Allons donc nous mettre à table, et qu'on fasse venir les musiciens.

(Six cuisiniers, qui ont préparé le festin, dansent ensemble et font le troisième intermède ; après quoi, ils apportent une table couverte de plusieurs mets.)

Gustave Flaubert (1821-1880)

Bouvard et Pécuchet (publ. posth., 1881), chap. II.

Bouvard et Pécuchet, deux ternes copistes, s'installent à la campagne à la faveur d'un héritage. Ils entreprennent de faire fructifier leurs terres.

Pour se connaître aux signes du temps, ils étudièrent les nuages d'après la classification de Luke Howard. Ils contemplaient ceux qui s'allongent comme des crinières, ceux qui ressemblent à des îles, ceux qu'on prendrait pour des montagnes de neige, tâchant de distinguer les nimbus des cirrus, les stratus des cumulus ; les formes changeaient avant qu'ils eussent trouvé les noms.

Caricatures de bourgeois

Le baromètre les trompa, le thermomètre n'apprenait rien ; et ils recoururent à l'expédient imaginé sous Louis XV par un prêtre de Touraine. Une sangsue dans un bocal devait monter en cas de pluie, se tenir au fond par beau fixe, s'agiter aux menaces de la tempête. Mais l'atmosphère, presque toujours, contredit la sangsue. Ils en mirent trois autres avec celle-là. Toutes les quatre se comportèrent différemment.

Après force méditations, Bouvard reconnut qu'il s'était trompé. Son domaine exigeait la grande culture, le système intensif, et il aventura ce qui lui restait de capitaux disponibles : trente mille francs.

Excité par Pécuchet, il eut le délire de l'engrais. Dans la fosse aux composts furent entassés des branchages, du sang, des boyaux, des plumes, tout ce qu'il pouvait découvrir. Il employa la liqueur belge, le lizier suisse, la lessive Da-Olmi, des harengs saurs, du varech, des chiffons, fit venir du guano, tâcha d'en fabriquer, – et, poussant jusqu'au bout ses principes, ne tolérait pas qu'on perdît l'urine ; il supprima les lieux d'aisances. On apportait dans sa cour des cadavres d'animaux, dont il fumait ses terres. Leurs charognes dépecées parsemaient la campagne. Bouvard souriait au milieu de cette infection. Une pompe installée dans un tombereau crachait du purin sur les récoltes. À ceux qui avaient l'air dégoûté, il disait : « Mais c'est de l'or ! c'est de l'or ! » Et il regrettait de n'avoir pas encore plus de fumiers. Heureux les pays où l'on trouve des grottes naturelles pleines d'excréments d'oiseaux !

Le colza fut chétif, l'avoine médiocre, et le blé se vendit fort mal, à cause de son odeur. Une chose étrange, c'est que la Butte, enfin dépierrée, donnait moins qu'autrefois.

Arthur Rimbaud (1854-1891)

Poésies (1868-1870), « À la musique », 1re publication en 1889.

Composé très vraisemblablement en juillet 1870, « À la musique » réunit deux des traits qui caractérisent les premiers poèmes de Rimbaud : le mépris vigoureux de l'ordre bourgeois, dont l'enseignement étouffant et la morale mesquine sont sources de haine pour l'adolescent rebelle ; et les désirs naissants du jeune poète, contrepoint salutaire à l'atmosphère délétère qui règne dans sa ville natale de Charleville.

Place de la gare, à Charleville.

Sur la place taillée en mesquines pelouses,
Square où tout est correct, les arbres et les fleurs,
Tous les bourgeois poussifs qu'étranglent les chaleurs
Portent, les jeudis soirs, leurs bêtises jalouses.

– L'orchestre militaire, au milieu du jardin,
Balance ses schakos[1] dans la Valse des fifres :
– Autour, aux premiers rangs, parade le gandin[2] ;
Le notaire pend à ses breloques à chiffres ;

Des rentiers à lorgnons soulignent tous les couacs ;
Les gros bureaux[3] bouffis traînent leurs grosses dames
Auprès desquelles vont, officieux cornacs[4],
Celles dont les volants ont des airs de réclames ;

1. Coiffures militaires rigides, à visière.
2. Jeune élégant plus ou moins ridicule, dandy.
3. Employés de bureau.
4. Personnes chargées de la conduite et des soins des éléphants ; au sens figuré et familier, personnes qui guident quelqu'un.

Caricatures de bourgeois

Sur les bancs verts, des clubs d'épiciers retraités
Qui tisonnent le sable avec leur canne à pomme,
Fort sérieusement discutent les traités[5],
Puis prisent en argent, et reprennent : « En somme !... »

Épatant sur son banc les rondeurs de ses reins,
Un bourgeois à boutons clairs, bedaine flamande,
Savoure son onnaing[6] d'où le tabac par brins
Déborde – vous savez, c'est de la contrebande ; –

Le long des gazons verts ricanent les voyous ;
Et, rendus amoureux par le chant des trombones,
Très naïfs, et fumant des roses, les pioupious[7]
Caressent les bébés pour enjôler les bonnes...

– Moi, je suis, débraillé comme un étudiant
Sous les marronniers verts les alertes fillettes :
Elles le savent bien, et tournent en riant,
Vers moi, leurs yeux tout plein de choses indiscrètes.

Je ne dis pas un mot : je regarde toujours
La chair de leurs cous blancs brodés de mèches folles :
Je suis, sous le corsage et les frêles atours,
Le dos divin après la courbe des épaules.

J'ai bientôt déniché la bottine, le bas...
– Je reconstruis les corps, brûlé de belles fièvres.
Elles me trouvent drôle et se parlent tout bas...
– Et je sens les baisers qui me viennent aux lèvres...

---

5. Très certainement les traités conclus entre divers États allemands contre la France.
6. Pipe fabriquée dans le village du même nom.
7. Jeunes soldats.

Louis Guilloux (1899-1980)
Le Sang noir (1935) © Gallimard

Fin 1917. À travers l'histoire tragique de Cripure, vieux professeur grotesque et sublime à la fois, Louis Guilloux se livre à une critique féroce de la société bourgeoise, de ses conformismes sclérosants, de la mort absurde à laquelle est vouée toute une génération de jeunes hommes, envoyés au combat.

Avec des peines infinies il arriva sur la petite place où habitait Moka. Curieux désert. Rien. Pas même un chien. Comme les rues qu'il venait de parcourir : toujours avant ou après l'événement, jamais pendant. Une église, au centre – des pierres carrées, sans l'ombre d'une sculpture ou le commencement d'un sourire. Si l'on avait pu rêver que les bœufs aient jamais vécu en société à l'image des hommes, et qu'eût germé, dans leur cervelle de bœufs, l'idée de construire une église à leur image de bœufs, cette bâtisse opaque eût fourni un merveilleux exemple d'architecture bovine, sur quoi la sagacité des petits archéologues bovins eût pu s'exercer. Deux courtes tours, nues et carrées, péremptoires comme deux commandements quelconques du décalogue, figuraient assez bien les cornes aveugles de la bête et, entre les tours, le porche bas – c'était pourtant bien un porche – ne pouvait signifier autre chose qu'un front immense, épais, carré, obscur, avec, au-dessous, des piliers énormes, seules rondeurs dans cette carrière, et qui évidemment étaient les pattes. La croupe s'étendait, immense, formidable, occupait plus du tiers de la place dans une immobilité dont le spectacle engendrait la frayeur. Telle était la bête. Comme pour les foires elle était décorée. On lui avait mis partout des petits drapeaux et sur toute la largeur de son front se déroulait une banderole portant une inscription patriotique. Or, ce bœuf, il n'y avait pas si longtemps qu'il était là. Les plus vieilles gens de la ville se souvenaient d'avoir connu à sa place un cimetière. Un beau jour, le bœuf était arrivé dans le cimetière, il s'y était rué, grattant la terre de ses sabots et faisant sauter les morts. Plus de cimetière. Mais les morts s'étaient vengés : ils avaient aussitôt transformé les maisons qui entouraient la place en tombeaux et c'est là qu'ils demeuraient depuis sous des déguisements divers. On pouvait sonner à leurs portes : ils ne se montraient jamais sans masques. Généralement, ils étaient très convenablement vêtus, ils avaient même des apparences de vivants, mais un œil un peu exercé pouvait aisément déceler la supercherie : c'était bel et bien des morts à qui l'on avait affaire, et malgré toutes les précautions dont ils s'entouraient, allant jusqu'à se faire décorer et « fabriquer » des enfants pour mieux cacher leur jeu, jusqu'à devenir quelque chose dans la cité, les uns professeurs ou médecins, les autres employés de banque ou commis d'enregistrement, ou même soldats, et ils étaient partis pour la guerre, ce qui était pousser un peu loin la plaisanterie, ils étaient quand même bel et bien des morts, des fantômes. Cripure s'en doutait, étant un peu du bâtiment et par ailleurs assez intime avec le Cloporte qui devait tenir par ici ses quartiers. Or, sans qu'il y eût à cela la moindre ironie, cette place toute grise, de pierre, de terre, de ciel, avec ses grandes façades grises et camuses et ses grises préméditations, et sur les toits les grises fenêtres des mansardes comme des guérites, cette place était donc ce qu'on appelait le *cœur* de la ville. Bœufgorod. Cloportgorod. Mortgorod. Un cœur de pierre, un cœur de bœuf, un cœur de mort.

BIBLIOGRAPHIE

• Œuvres de Guy de Maupassant

– *Contes et nouvelles*, « Bibliothèque de la Pléiade », Gallimard, Paris, 1974 (tomes I et II, texte établi et annoté par Louis Forestier). Bon nombre de ces textes sont également disponibles dans diverses éditions de poche.

On lira en particulier trois autres nouvelles inspirées à Maupassant par l'observation de ses collègues du ministère de la Marine : « En famille » (1881), « Le Parapluie » (1884) et « L'Héritage » (1884).

– Quelques romans pour mieux se pénétrer de l'univers de Maupassant : *Une Vie* (1883), *Bel-Ami* (1885), *Pierre et Jean* (1888).

• Lectures complémentaires

– Gustave Flaubert, *Bouvard et Pécuchet* (1881), roman inachevé qui ironise sur la vie grisâtre de deux bourgeois.

– Gustave Flaubert, *Dictionnaire des idées reçues* (1877 ; 1911, éd. posthume).

• Biographies

– Armand Lanoux, *Maupassant, le Bel-Ami*, Fayard, Paris, 1967, rééd. Grasset, 1995.

– Thérèse et Fabrice Thumerel, *Maupassant*, Armand Colin, Paris, 1992.

– Henri Troyat, *Maupassant*, Flammarion, Paris, 1989.

• Études d'ensemble

– *La Femme au xixe siècle, Littérature et idéologie*, ouvrage collectif, Presses Universitaires de Lyon, 1978.

– Jean-Paul Brighelli, *Guy de Maupassant*, « Mentor », Ellipses, Paris, 1999.

– Mariane Bury, *La Poétique de Maupassant*, Sedes, Paris, 1996.

– Gérard Delaisement, *Maupassant journaliste et chroniqueur*, Albin Michel, 1956.

– Gérard Gengembre, *Réalisme et Naturalisme*, « Mémo », Seuil, Paris, 1997.

– René Godenne, *La Nouvelle française*, P.U.F., Paris, 1974.

– Alain Pagès, *Le Naturalisme*, « Que sais-je ? », P.U.F., Paris, 1989.

– André Vial, *Guy de Maupassant et l'Art du roman*, Nizet, Paris, 1954.

– *Le Magazine littéraire*, janvier 1980 et n° 310, 1993.

– *Europe*, 772-773, août-septembre 1993.

FILMOGRAPHIE

– M. Drach, *Guy de Maupassant*, Gaumont/Fil à film, 1982.
– Claude Santelli, *L'Ami Maupassant*, NTI, s.d., 4 cassettes.

VISITES

• Château de Miromesnil
76550 Trouville-sur-Arques
Tél. : 02 35 85 02 80/fax : 02 35 85 55 05
Ouvert du 1er mai au 28 septembre tous les jours sauf mardis non fériés de 14 h
à 18 h. C'est le château où Guy de Maupassant est né.

• Musée Émile Zola
26, rue Pasteur – 78670 Médan
Tél. : 01 39 75 35 65/fax : 01 39 75 59 73
Ouvert au public les samedis, dimanches et jours fériés de 14 h à 18 h 30 ; visite
guidée à 15 h et 16 h 30 les samedis et jours fériés, du 15 décembre à fin février ;
à partir de mars, visite guidée à 14 h 30, 15 h 30, 16 h 30 et 17 h. Groupes sur rendez-vous du lundi au samedi. Fermé les 25 décembre et 1er janvier.

CONSULTER INTERNET

– http ://www.cartage.org.lb/fr/themes/Biographies/mainbiographie/M/mau-
passant/1.html
– http ://abu.cnam.fr/BIB/auteurs/maupassantg.html
– http ://www.bmlisieux.com/litterature/maupassant/maupas.htm : l'intégra-
lité des contes et des nouvelles de Maupassant téléchargeables gratuitement.

Classiques & Contemporains

Couverture

Conception graphique : Marie-Astrid Bailly-Maître
Adaptation et choix iconographique : Cécile Gallou
Illustration : Montage d'une photo d'un buste en terre cuite représentant Charles Guillaume Étienne (1778-1845), écrivain, directeur du *Conventionnel*, député et pair de France, Musée d'Orsay, © RMN, sur une vue de Paris prise du Bois de Boulogne pendant l'exposition universelle de 1867 d'Hilaire Guesnu © Giraudon/Bridgeman Art Library.

Intérieur

Conception graphique : Marie-Astrid Bailly-Maître
Édition : Anne-Sophie Pawlas
Réalisation : Nord Compo, Villeneuve-d'Ascq

Imprimé en France en juin 2004 par CCIF à Saint-Germain-du-Puy (18390)
Dépôt légal : juin 2004 - N° d'éditeur : 2004/277 - N° d'impression : 04/333